导游业务应试一本全

全国导游人员资格考试辅导丛书

王昕 | 主编 WANGXIN ZHUBIAN

QUANGUO
DAOYOURENYUAN
ZIGEKAOSHI
FUDAOCONGSHU
DAOYOU
YEWU
YINGSHI
YIBENQUAN

山西出版传媒集团 山西经济出版社

全国导游人员资格考试辅导丛书

编审委员会

《导游业务应试一本全》

主　编：王　昕

编　写：王　昕　郭　伟　王晓岗　李本振

序言

被誉为“三晋旅游人才的摇篮”的太原旅游职业学院，建校30年来，为山西省旅游业培养了大量优秀的导游人才。多年来，为适应全国导游人员资格考试的需求，学院旅游管理系导游专业教师在课堂教学及考前辅导培训方面投入了巨大的精力，倾注了大量的心血，使我院学生在历年的全国导游人员资格考试中均取得了优异成绩。

“幸福越与人共享，它的价值越增加”，2013年我们将多年积累的教学成果编辑整理成册，并在山西经济出版社的大力支持下顺利出版了《全国导游人员资格考试辅导丛书（山西考区）》，该辅导丛书一经出版面世好评如潮。2015年8月，国家旅游局颁布的《关于完善“导游人员从业资格证书核发”行政审批事项有关工作的通知》，明确从2016年起，实行全国统一的导游人员资格考试。本着对广大考生认真负责的态度，编写团队的老师对《2016年全国导游人员资格考试大纲》（旅办发〔2016〕14号）进行认真解读，凭借多年的教学积累和应考经验，对2013版《全国导游人员资格考试辅导丛书（山西考区）》重新进行细致的修订。本套丛书继续本着实用性、科学性、权威性、高效性的原则，为考生能在最短的时间、以最有效的复习方式顺利通过考试提供帮助。

本丛书一套5册，其中《全国导游基础知识应试一本全》

的主编为范志萍，编写者为范志萍、裴炜、王军雷、贾雪梅、力霁频；《山西导游基础知识应试一本全》的主编为裴炜，编写者为裴炜、范志萍、王军雷、张焱；《导游业务应试一本全》的主编为王昕，编写者为王昕、郭伟、王晓岗、李本振；《旅游政策与法律法规应试一本全》的主编为刘丽红，编写者为刘丽红、成宏峰、程佳、侯娜、赵治龙、王志雄；《山西实用导游词一本全》的主编为王晓岗、裴炜，副主编为魏莉霞，编写者为王晓岗、裴炜、魏莉霞、侯玉婵、范志萍、贾雪梅、赵治龙。

在此，对《全国导游人员资格考试辅导丛书》再版给予鼎力支持的山西经济出版社副总编董利斌、全体编辑人员和多年来支持信任我们的广大读者表示衷心感谢！也恳请诸位对我们编写中的不足给予批评指正并提出宝贵意见，为此我们深表谢意！

祝大家一切顺利！

《全国导游人员资格考试辅导丛书》编委会

2016年6月

使用说明

三年前，为满足广大参加导游资格考试的考生的需求，太原旅游职业学院旅游管理系的专业教师精心编写了《全国导游人员资格考试辅导丛书（山西考区）》。这套丛书是老师们根据自己多年辅导学生参加全国导游人员资格考试的经验，悉心钻研教材，认真研究全国各省的考试真题，精心梳理出考点；并整合、编写了大量的章节试题、仿真模拟题及导游词，来帮助考生顺利应考。经过三年来近万名考生的使用，获得了良好的声誉。

2016年1月，国家旅游局公布了《关于公布〈2016年全国导游人员资格考试大纲〉的通知》（旅办发〔2016〕14号），对2016年全国导游人员资格考试进行了全面部署。与以往相比，2016年的全国导游人员资格考试发生了一些变化，考试科目包括“政策与法律法规”“导游业务”“全国导游基础知识”“地方导游基础知识”和“导游服务能力”。考试形式分笔试和现场考试两种。笔试科目实行机考，各地使用国家旅游局统一的计算机考试系统进行考试。新大纲中，笔试科目的考试题型分单项选择题和多项选择题两种，单项选择题60题（30分），多项选择题70题（70分），总计100分。据此，老师们在原来的基础上，重新整理编写了新的各科“一本全”。

《导游业务应试一本全》是全国导游人员资格考试《导游业务》的配套复习参考资料，是以国家旅游局人事劳动教育司编写的《导游业务》（旅游教育出版社）为主要依据，结合 2016 年全国导游人员资格考试《导游业务》考试大纲编写，可作为全国参加导游资格考试的考生的考前复习参考用书。本书首先是根据考试大纲将考试内容进行梳理和归纳；其次，考生在复习完每部分内容后可进行有针对性的同步练习；最后，考生通过做仿真模拟题对自己进行全面的模拟、自测，以达到应试的效果。

在本系列辅导教材的编写过程中，教师们付出了全部的热情和精力，但是疏漏和不当之处难免会出现，恳请广大考生、专家学者、培训工作者批评指正。

《导游业务应试一本全》编者

2016 年 6 月

目录

第一编 章节知识要点汇集

导游服务

1. 导游服务的概念。

	主体	客体	依据	内容	权限
概念	导游人员	游客	合同/约定	接待服务	旅行社委派
要点	委派身份——受旅行社委派，未经旅行社委派不得从事导游活动				
	从事业务				
	接待服务的定性与定量				

2. 现代导游服务的类型。

类型	图文声像导游	实地口语导游
别称	物化导游方式	讲解导游方式
构成	导游图、交通图、旅游指南、画册、产品目录等 旅游宣传品、纪念品等 国情介绍材料等	途中导游 现场导游
优势	全面、深刻 形象生动 便于携带和保存	
地位	图文声像导游作用会进一步增强，但仍将处于从属地位，只能起着减轻导游人员负担、辅助实地口语导游方式的作用。实地口语导游方式仍将处于主导地位，其原因如下： （1）服务对象是有思想、有目的的游客 （2）现场导游情况复杂多变 （3）旅游本身是一种人际交往和情感交流方式	

3. 导游服务的范围。

（1）范围。

导游服务范围 = 导游人员业务工作内容 = 旅游接待服务（导游讲解服务 + 旅行生活

服务 + 市内交通服务）。

（2）导游讲解服务与旅行生活服务的关系：相辅相成。

高质量的导游讲解服务在某种程度上可以弥补旅行生活服务的某些不足；热情周到的旅行生活服务在某种程度上也可以弥补导游讲解中的某些不足。

4. 导游服务的性质。

性质	表现	知识点
政治性	因社会制度、意识形态和民族文化的不同，其政治属性也不尽相同	造就人生观、价值观、伦理道德的差异
社会性	促进物质、精神文明建设 导游工作推动的是社会活动	导游人员处于旅游接待工作的中心位置 旅游活动是世界上最大的社会活动
文化性	文化沟通 文化传播	导游服务是传播文化的重要渠道
服务性	非生产性劳动	复杂的、高智能、高技能的高级服务
经济性	直接创收 扩大客源、间接创收 促销商品 促进科技、经济交流	通过劳务创造特殊使用价值，在市场上表现为价格
涉外性	为海外游客提供导游服务 为我国公民提供出境陪同服务	宣传有中国特色的社会主义 了解客源国（地区） 发挥民间大使的作用

5. 导游服务的特点。

<table>
<tr><td colspan="3">旅游活动的全过程
（最具代表性的服务）
游客入境 ←—— 导游服务 ——→ 游客出境</td></tr>
<tr><th>特点</th><th>表现</th><th>知识点</th></tr>
<tr><td>独立性强</td><td>带团独当一面
讲解相对独立</td><td>导游人员的主要任务是导游讲解</td></tr>
<tr><td>脑体高度结合</td><td>服务对象背景差异大
工作量大</td><td>联系淡、旺季的导游工作</td></tr>
</table>

复杂多变	服务对象复杂 游客需求多样 接触人员多且关系复杂 讲解内容庞杂多变 物质、精神诱惑多样	多重代表身份的相应应对
涉及面广	利益相关者多样 旅游消费外延宽广且内涵丰富	
关联度高且责任大	彼此相关 相互影响	怎么理解“环环相扣”和“各自独立”
政策性强	服务中，常会涉及党和国家有关方针、政策	注意政策的“严肃性”
跨文化性	文化差异的“协通”	导游服务是传播文化的重要渠道

6. 导游服务在旅游服务中的地位和作用。

	表现	知识点
地位	旅游接待服务的主导地位	旅行社的业务构成： （1）旅游产品开发 （2）旅游产品销售 （3）旅游服务采购 （4）旅游接待（团体和散客）
作用	纽带作用	导游服务是旅游接待服务的核心和纽带： （1）承上启下 （2）连接内外 （3）协调左右
	标志作用	旅游活动的成败更多取决于导游服务质量（导游讲解质量，为导游提供生活服务的质量，各项旅游活动安排落实的质量）
	反馈作用	游客—导游人员—旅行社等部门
	扩散作用	影响游客对旅游产品的感知质量

7. 导游服务的基本原则。

原则	细分	需注意知识点
满足游客合理需要	“宾客至上”为主旨 认真落实接待计划 规范化与个性化服务的有机结合	导游服务的根本在于满足游客的需要，落实接待计划位居导游服务第一位，是衡量导游是否履行职责的基本尺度。规范化服务并不等于优质服务，是导游在服务中必须达到的最起码的要求

维护游客合法权益	旅游自由权=旅行自由权+逗留权 旅游服务自主选择权≠强制交易 旅游公平交易权 旅游服务内容知悉权 依约享受旅游服务权、人身和财物安全权 人格尊严、宗教信仰、民族风俗习惯受尊重权 请求救助和保护权 求偿权和寻求法律救援权	1985年，第一届世界旅游组织大会——《旅游权利法案》+《中华人民共和国消费者权益保护法》保护
注重经济效益、社会效益	导游服务不仅是社会活动，还是一种经济活动	直接与间接经济效益、社会效益的三个表现

8. 未来旅游活动发展的主要特征。

（1）旅游可持续发展成为人们的共识。

（2）各种旅游类型中，休闲旅游增长最快，商务旅游紧次之（世界旅游组织预测）。

9. 导游服务的发展趋势。

（1）导游内容高知识化→导游 = 专家 + 杂家。

（2）导游手段科技化→导游“锦上添花”。

（3）导游方式方法多样化→导游“熟练运用”。

导游人员

1. 导游人员的基本概念。

导游人员是符合上岗资格的法定要求（依照《导游人员管理条例》规定取得导游证），接受旅行社委派，直接为旅游团（者）提供向导、讲解及相关旅游服务的人员。

2. 导游人员从业资格认定。

（1）学历 + 身体健康 + 知识 + 语言表达能力 + 国籍 + 资格考试合格→导游人员资格证 + 挂靠登记材料 + 个人申请→导游证 + 导游证有效期（3 年）+ 旅行社委派 + 佩戴导游证→导游活动。

（2）有以下情形之一的，不得颁发导游证。

①无民事行为能力或者限制行为能力的；②有传染性疾病的；③受过刑事处罚的，但过失犯罪的除外；④曾被吊销过导游证的。

3. 导游人员的分类。

	类型	知识点	
按业务范围划分	出境旅游领队	出境旅游组团社的代表	主要业务旅游活动的组织协调
	全程陪同导游人员（全陪）	组团社的代表	
	地方陪同导游人员（地陪）	接待社的代表：又有讲解或翻译的任务	
	景区景点导游人员	景区景点的代表（风景名胜区、自然保护区、主题公园、博物馆、纪念馆、名人故居等）	
按劳动就业方式划分	旅行社导游人员（专职）	专门从事导游服务的工作人员	
	兼职导游人员	业余时间到旅行社从事导游服务的人员	
	临时导游人员	有临时导游证，临时从事导游服务的人员	
	实习导游人员	在校学生因学习需要，取得实习导游证后到旅行社或景区从事导游服务实践学习的学生导游人员	
按使用的语言划分	中文导游	又分为普通话导游人员、方言导游人员和少数民族语言导游人员	
	外语导游	服务对象为入境游的外国游客和出境游的中国公民	
按技术等级划分	初级导游人员	获得资格证一年，技能、业绩和资历考核合格	
	中级导游人员	初级导游人员三年或具有大专学历取得导游资格证满两年，带团不少于90个工作日，考试考核合格；旅行社业务骨干	
	高级导游人员	中级导游满三年，带团不少于90个工作日，无重大服务质量和安全方面投诉，考试、考核合格	
	特级导游人员	取得高级导游资格证五年以上，业绩优异，有突出贡献和高水平的科研成果，国内外同行和旅行商中有较大影响，考核合格	

4. 导游人员的职责。

基本职责	①按接待计划安排、组织游客参观游览；②向游客导游、讲解；③配合、督促有关单位安排好游客食宿、交通；④保护游客人身和财务安全；⑤耐心解答游客问询，反映游客意见
领队	出境旅游团的领导者和代言人。①维护游客合法权益；②落实履行合同，介绍情况，全程陪同，协助处理问题；③为旅游者提供相关服务；④代表组团社监督各地服务质量；⑤自觉维护国家利益和民族尊严；⑥介绍目的地的相关情况（法律法规、风土人情及风俗习惯等）
全陪	在整个旅游活动中起主导作用。①实施旅游接待计划，监督各地服务质量；②负责组团社与地接社及各站间的联络；③组织协调；④维护安全，处理问题；⑤宣传调研
地陪	旅游接待计划在当地的执行者，当地旅游活动的组织者。①根据接待计划合理安排旅游活动；②做好接待；③导游讲解；④维护安全，处理问题
景点景区导游人员	①导游讲解；②安全提示；③结合景物向游客宣讲环境、生态和文物保护知识

5. 导游人员的角色基本概念。

导游人员的角色是指导游人员在导游服务中、在和游客的互动交往中扮演的职业角色。

社会对导游的职业要求
游客对导游人员服务的要求
} 导游人员的角色

6. 导游人员的角色是以下社会角色的融合。

导游人员的角色	知识点
向 导	是导游服务的雏形
讲解员	导游服务的中心是导游讲解（口头语言辅以体态语言）
宣传员	应将宣传我国悠久的历史和社会主义制度作为自己义不容辞的职责
服务员	协助游客处理旅游过程中遇到的问题

安全保卫员	时刻关注游客人身和财务安全
促销员	有利于提高旅行社的形象和知名度，又有助于旅游目的地争取潜在客源
翻译员	导游人员起着语言沟通的作用
民间大使	游客心目中导游人员是一个国家的代表

7. 高尚的思想品德：是社会主义社会对其成员的共同要求。

内容	知识点
具有爱国主义意识	主要表现在：要热爱祖国的社会主义制度，热爱祖国的悠久历史、灿烂文化和壮丽的山河
遵守社会公德和旅游职业道德	旅游职业道德是社会道德与旅游业的特点结合而成的职业行为规范或标准
有敬业精神	导游工作是一种服务性劳动，要求导游人员要有尽职尽责的服务意识和无私的奉献精神

8. “T”形知识结构：导游人员合理的知识结构应是博而专。

导游人员应掌握知识	对导游人员的要求
语言知识	必备工具、主要手段，熟练掌握所学外语水平，不断提高母语水平
政治、经济和社会知识	了解国情，熟悉国家政治、经济体制及改革方向
历史、文化、民俗知识	善于学习和积累历史、地理、宗教等方面的知识，一般在讲解中灵活运用，融会贯通
政策法规知识	努力学习和掌握有关政策法规知识
心理学和美学知识	了解游客在不同旅游阶段、不同场合下的心理需求 使游客在旅游活动中得到美的享受
旅行交通、食宿等业务知识	熟练掌握相关旅游服务的各种规程和知识，不但有利于旅游活动的顺利进行，而且有助于导游员在工作中少出差错
客源国（地区）知识	有助于向游客提供恰到好处的服务
前沿知识	扩大导游员的知识，使其赶上时代发展的潮流

9. 较强的业务能力：语言、知识、技能是导游服务的三要素，三者之间是相辅相成的关系。

业务能力	要点
语言表达能力	语言表达包括语音、语速、语调及语言的准确性、逻辑性、生动性等。导游服务使用的语言以口头语言和体态语言为主
导游讲解能力	将良好的语言表达能力、熟知所讲景区景点各方面情况和运用一些讲解技巧三者结合起来，才能实现导游讲解水平的提升
人际交往能力	导游人员的服务对象是具有丰富感情和各种各样心理需要的游客，要加强与游客的交流和沟通，为向其提供有针对性的服务创造条件
组织协调能力	在整个旅游活动中，导游人员充任者组织者和协调人的角色。导游人员必须具备较强的组织和协调能力，使旅游活动的各个环节能够紧密衔接，接待计划的内容顺利得到实施
应变能力	包括保持头脑清醒、处变不乱的能力，快速分析和理智判断的能力，以及运用经验和智慧合情、合理、合法地处理问题的能力
其他能力	购物促销能力、卫生急救能力、接受继续教育能力等

10. 良好的健康身心。

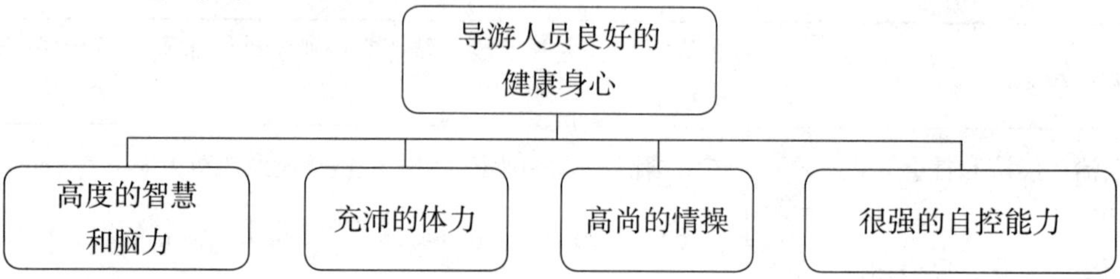

11. 导游人员的形象。

导游人员的形象是指导游人员在导游服务中所呈现出来的与其从事的职业相匹配的外部表征。一名合格的导游员应该是优良的素质和良好职业形象的完美结合。

（1）仪容、仪表
- 服饰要求：整洁、协调、有风度，避免让人用“太”字来品评自己的服饰和打扮。
- 容貌要求：容貌端庄——导游人员从业的基本要求。要适度地注重自己的容貌修饰。

(2) 仪态:是一种修养,是一个人内在素质的外在表现。包括站态、坐态、步态和表情。

(3) 礼貌、礼节:核心是尊重人。

包括见面礼节、交谈礼节、赴宴礼节及日常交往礼节。要结合实际理解各礼节的注意事项。

12. 导游人员的修养。

导游人员的修养	要点
情操修养	游客的满意与否是检验旅游接待工作、检验导游服务好坏的最终标准；热爱自己的工作是做好导游服务工作的前提
道德修养	导游人员职业道德是社会主义道德要求在旅游接待工作中的具体体现，是衡量导游人员职业道德行为的标准
气质修养	气质是一个人相当稳定的个性特点，对一个人的工作态度、工作方式和工作作风会产生影响
知识修养	渊博的知识是导游人员立业之基，包括学风修养和文化修养

13. 导游人员的行为规范:

严守国家和企业的机密;严格遵守请示汇报制度;遵纪守法。

14. 导游人员的培训与考核。

导游人员培训的必要性：
- 企业发展的需要
- 市场竞争的需要
- 导游人员知识更新的需要

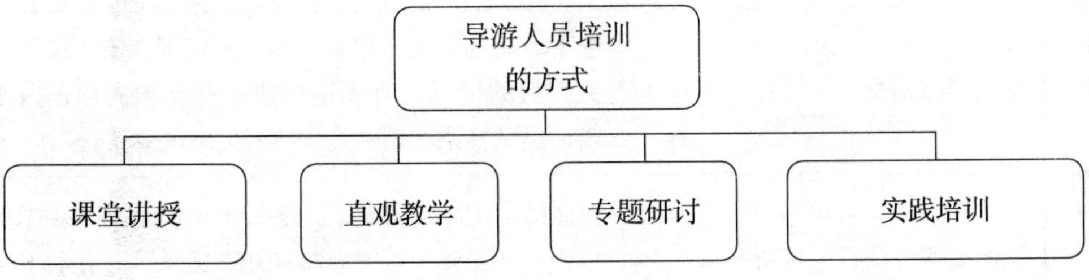

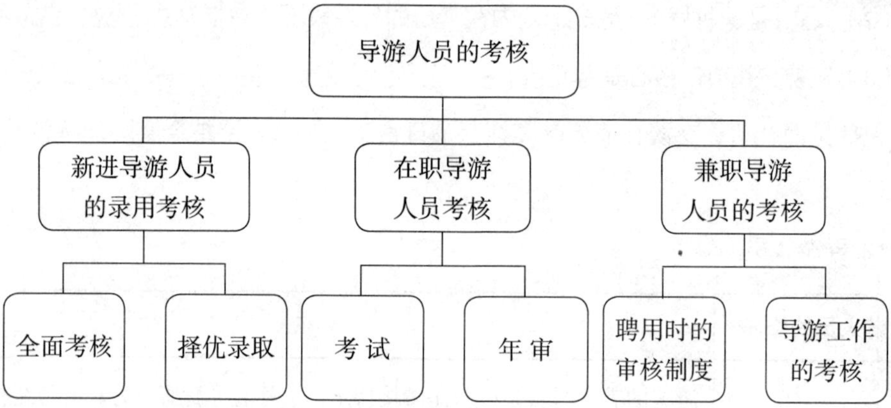

旅游团队导游服务程序与服务质量

1. 地陪导游服务：是指地陪在当地接待旅游团时应奉行的服务程序和服务标准。

2. 接待计划。

既是组团社根据同客源地旅行社签订的旅游合同制订的旅游团在有关地方的活动安排，又是组团社委托有关地接社组织落实旅游团活动的契约性文件，也是导游人员了解旅游团基本情况和安排地方活动日程的主要依据。

3. 地陪服务准备阶段的工作内容。

熟悉接待计划	旅游团基本情况	组团社名称、联络人姓名、电话号码、客源地组团社名称、国别、使用何种语言、旅游团名称、代号、电脑序号、收费标准、领队姓名
	旅游团成员情况	该团的人数、团员的姓名、职业、性别、宗教信仰
	旅游抵离本地情况	抵离时间、乘坐交通工具的类型、班次（车次）和使用的交通港（机场、车站、码头）名称
	交通票据情况	赴下一站的交通票据是否按计划定妥，有无变更及更改后的情况；有无返程票；有无国内段国际机票；出境机票的票种是OK 票还是OPEN 票
	该团的服务项目、接待要求	在住房、用车、游览、用餐等方面有何特殊要求；是否有老弱病残等需要特别照顾的游客；是否有需要办理通行证的地区和城市等

落实接待事宜	业务准备	核对日程安排表 落实旅行车辆：应与旅游汽车公司或车队提前取得联系，确认为旅游团在本地提供交通服务的车型、车牌号和司机姓名 落实住房及用餐情况：熟悉旅游团所住饭店的位置、概况、服务设施及服务项目 了解落实运送行李的安排情况 了解不熟悉景点的情况：对新的旅游景点或不熟悉的旅游景点，地陪应先了解其概况，如开放时间、最佳游览路线、卫生间的位置等 掌握联系电话：随身携带各有关单位和其他导游人员的电话号码，检查自己手机状态是否正常 与全陪（领队）联系：如果首站是入境站，地陪应和全陪提前约定接团的时间和地点
	物质准备	导游证（IC卡）、本社导游旗、导游图、门票结算单和费用、接站牌以及记事本、名片、出团报告书等必备物品
	语言和知识准备	做好外语和介绍资料的准备 接待专业的团队，要做好相关专业知识、词汇的准备 做好当前的热门话题、国内外重大新闻、游客可能感兴趣的话题等方面的准备
	形象准备	着装大方整齐，方便导游服务工作；佩戴首饰适度；不浓妆艳抹，不用味道太浓的香水；将导游证佩戴在正确位置
	心理准备	准备面临艰苦复杂的工作 准备承受抱怨和投诉

4. 地陪接站服务的重要性。

接站是指地陪提前半小时到达机场、车站、码头迎接旅游团。它在导游服务中至关重要，是地陪的首次亮相，应给游客准时、热情、友好的接待，给他们留下美好的第一印象。

5. 地陪接站服务的程序。

抵达前的服务安排	确认旅游团抵达的准确时间	出发前再次核实抵达的准确时间 与司机联络，商定接头的时间和地点 将大概行程通报给司机 切不可凭经验判定抵达时间，一定要及时询问
	与行李员联络	告知该团行李送往的地点
	调试话筒	在前往交通港的路上，应熟悉车上音响设备及扩音话筒的使用方法，并将音量调至最佳状态
	持接站标志迎候旅游团	持接站牌站在出口醒目的位置，热情迎接团队 接站牌上应写清团名、团号、领队或全陪姓名 接小型团队或无领队、全陪的旅游团时要写上其中一位客人的名字

抵达后的服务	认找旅游团	站在醒目地方，高举接站牌，以方便游客认找；根据游客的特征及组团社的徽记主动询问 核实该团的基本信息 无领队和全陪，应与该团成员逐一核对团名、国别（地区）及团员姓名
	核实实到人数	有变化要及时通知接待社有关部门
	集中清点行李	协助旅游者将大件行李集中放在安全的位置 同领队、全陪共同清点核对行李件数 移交给行李员，与行李员办理移交手续
	带领旅游者上车	提醒游客检查自己的随身贵重物品是否带齐 地陪应恭候在车门旁，协助旅游者上车就座 旅游者坐稳之后，检查行李物品的放置 礼貌地清点人数，随后请司机开车
途中服务	致欢迎辞	代表所在旅行社、司机和本人欢迎客人光临本地；介绍自己的姓名及所属单位；介绍司机；表示努力为客人提供服务的诚挚愿望；预祝旅途愉快顺利
	调整时间	只局限于所接客人为入境旅游的首站
	首次沿途导游	本地风光导游、风情介绍、介绍下榻饭店
	宣布当日或次日的活动安排	当日有安排，应在与领队或全陪核对商定行程之后，再向游客宣布；当日无安排，应宣布次日的集合时间、地点，并请客人记住车牌号码

6. 地陪首次沿途导游的要求。

首次沿途导游至关重要，但不可立即敞开话题，滔滔不绝地讲述。应该选择旅游者最感兴趣、最急于了解的事物，以满足旅游者的好奇心和求知欲。有很多内容可以点到为止，为以后的讲解工作做好铺垫。

7. 地陪协助办理入店手续。

旅游团抵达饭店后，地陪要协助领队和全陪办理住店登记手续，请领队分发住房卡。地陪要掌握领队、全陪和团员的房间号，并将与自己联系的办法如房间号（若地陪住在饭店）、电话号码等告诉全陪和领队，以便有事时尽快联系。

8. 地陪带领旅游团用好第一餐。

游客进入房间之前，地陪要向其介绍就餐形式、地点、时间及餐饮的有关规定。游客到餐厅用第一餐时，地陪应主动引进。地陪要将领队介绍给餐厅经理或主管服务员，告知旅游团的特殊要求。

9. 地陪安排叫早服务的程序。

在结束当天活动离开之前，地陪应与领队商定第二天的叫早时间，并请领队通知全团，地陪则应通知饭店总服务台或楼层服务台。

10. 核对、商定日程是旅游团抵达后的一项重要工作，可视作两国（两地）间导游人员合作的开始。游客有权审核活动计划，也有权提出修改意见。

11. 领队希望得到他国导游人员的尊重和协助，商定日程并宣布活动日程是领队的职权。

12. 地陪在核对、商定节目安排时，如领队或游客提出小的修改意见或要求增加新的游览项目时的处理方法。

（1）不涉及费用，不影响计划，酌情给予满足，必要时请示旅行社。

（2）要求增加新的游览项目时，及时向旅行社反映，对合理而又可能满足的项目应尽力予以安排。

（3）新增需要加收费用的项目，事先向领队或游客讲明，按有关规定收取费用。

（4）确有困难无法满足的，应向领队或游客说明原因并耐心解释。

13. 地陪在核对、商定节目安排时，遇领队或游客提出的要求与原日程不符且又涉及接待规格时的处理方法。

（1）一般应婉拒，并说明我方不便单方面不执行合同。

（2）特殊理由，且是由领队提出时，地陪必须请示接待社有关部门。

14. 地陪在核对、商定节目安排时，如领队（或全陪）手中的接待计划与地陪的接待计划有部分出入时的处理方法。

（1）及时报告旅行社；查明原因，分清责任。

（2）若是接待方旅行社的责任，地陪应说明情况并赔礼道歉。

（3）在双方都能接受的基础上商定调整行程计划。

15. 地陪在参观游览服务中的服务程序。

出发前的服务	提前到达饭店	提前20分钟到达集合地点
	核实、清点实到人数	有游客未到，向领队或其他游客问明原因，设法及时找到；游客不随团活动，妥善安排
	提醒注意事项	预报当日天气和游览景点的地形、行走路线的长短等情况，提醒游客带好衣服、雨具及换鞋
	准时集合登车	再次提醒集合时间和地点 请司机尽量把车开到最方便客人上车的位置 游客到达后，清点实到人数并请游客及时上车 开车前再次清点人数，检查物品是否放置妥当，示意司机开车
途中导游	重申当日活动安排	出发时，先将当天的活动安排讲解清楚：参观景点的名称、途中所需时间、午晚餐的时间、地点等
	风光导游	前往游览点途中，向旅游者介绍途中风光和本地的自然景观、风土人情并回答旅游者提出的问题
	介绍游览景点	地陪在途中的介绍只要做到详略得当、宏观介绍，就可以引起兴趣，为接下来的讲解做好铺垫
	活跃气氛	导游人员应该是多才多艺的，尤其是长途旅行中，讲解与娱乐应有机结合，这样客人才不会感到旅途单调、沉闷
景点导游讲解	提醒游览注意事项	下车前提醒客人贵重物品随身携带 记住旅游车的标志、车号、停车地点和开车时间 景点示意图前，讲明游览路线和集散地点 讲明游览中的有关注意事项
	游览中的导游讲解	游览中的导游讲解是导游服务的主体内容 地陪应始终带领本团旅游者沿着游览线路对所见景物进行精彩的导游讲解 地陪讲解的内容、方式要因人而异、繁简适度。做到三结合：讲解和引导相结合、集中与分散相结合、详与略相结合
	留意游客的动向，防止游客走失	地陪应随时注意游客的安全，要特别关照年老体弱的旅游者 在景点的每一次移动时都要清点人数 通常情况下，地陪走在团队的最前面，领队走中间，全陪走后面，三人密切配合，随时注意周围环境，防止意外发生

参观活动	接待计划中有参观要求，旅行社计调部门会提前确定 在参观之前，导游人员应再次与参观单位取得联络，进一步确认时间安排和参观内容 到达参观单位后，通常是主人先介绍情况，然后引导客人参观，整个活动时间的安排不宜太长 入境团，外语导游人员在翻译时应注意翻译的准确性，如主人的言语有欠妥之处，在翻译前应予以提醒，请其纠正；如来不及可改译或不译，但事后要说明；必要时还要把关，以免泄漏有价值的经济情报	
返程途中的服务	回顾当天活动	返程途中，重要景点的特点应再次强调
	风光导游	与去程途中不同的风景要适时介绍
	宣布次日的活动日程	在车上征询旅游者对当天日程安排的反映 预报次日的活动日程和出发时间等有关事项
	提醒注意事项	逛街应去哪里，打出租车的大致费用，带上饭店的地址和电话，尽量结伴前往，等等
	安排叫早服务	地陪应准确把握时间 宣布时间的最好场所就是在回饭店前的车上 准确告诉客人第二天的时间安排

16. 地陪在购物服务中的注意事项。

（1）严格按照接待计划执行，到旅游定点商店购物，避免次数过多，不得强迫游客购物。

（2）安排购物时，应讲明停留时间及注意事项，如实介绍商品质量和商品特色。

（3）地陪有义务提醒游客不要与当地小商小贩纠缠，以免上当受骗。

（4）如商店出售假冒伪劣和质次价高的商品，地陪有义务维护游客的合法权益。

17. 地陪团队餐饮服务内容。

（1）地陪应提前了解游客的每一次用餐情况，落实并确认用餐的地点、时间、人数、标准及特殊要求等。

（2）用餐时，引导游客入座，并适时介绍相关的特色菜。

（3）在用餐过程中，地陪应巡视团队用餐情况一到两次，及时解答客人在用餐过程中的问题及监督餐厅的服务质量。

（4）在用餐快要结束时，向客人宣布饭后的时间安排，并通知全陪和领队。

（5）用餐结束后，地陪应严格按要求如实填写“餐费结算单”。

18. 地陪送客服务的基本程序。

送站前的工作	核实交通票据	时间四核实：计划、时刻表、票面、问询 本地离境团，提醒领队提前72小时确认机票 在本地停留不足72小时的团队，应该在一接到团队时就马上提醒其确认机票等相关事宜
	商定出行李时间	应先和领队、司机商量好第二天出发时间，然后再确定出行李和叫早的时间
		将确定好的出行李、叫早时间及出发时间告诉客人并讲清楚相关的注意事项：托运行李的具体规定；不要将护照和贵重物品放在托运行李中；托运的行李必须要包装完整、锁扣完好、捆扎牢固；禁止托运的物品；等等
	商定集合出发、时间	出发时间一般由地陪与司机来商定，还应及时与领队、全陪商议。商定后通知游客
	协助饭店结清有关账目	通知饭店团队的离店时间，提前与饭店结清有关账目，提醒旅游者尽早与饭店结清个人的消费账目
离店服务	集中交运行李	离店之前，请饭店行李员将行李收齐，并集中堆放 与领队和全陪共同清点行李的件数；再次检查客人行李 与饭店行李员办好交接手续
	办理退房手续	收齐钥匙，交到总服务台；询问查房情况，以免客人有遗漏物品
	集合登车	离开饭店前，再次提醒带好个人物品及旅游证件 照顾旅游者上车入座，仔细清点人数 全体到齐后，再一次请旅游者清点自己随身携带的物品，并询问是否将证件随身携带，如无遗漏则请司机开车离开饭店
送行服务	征求意见和建议	每团结束后，旅行社都应将旅游者的意见收集备案，以作为今后改进工作的依据
	致欢送辞	回顾旅游活动，感谢大家的合作；表达友谊和惜别之情；若旅途中有不尽人意的地方，导游可借此机会道歉；表达美好的祝愿
	提前到达机场	时间要求：出境航班提前2小时；国内航班提前90分钟；乘火车提前1小时 旅游车到达机场（车站），要提醒旅游者带齐随身的行李物品，照顾旅游者下车 待全体旅游者下车后，地陪要再检查一下车内有无游客遗落的物品
	办理离站手续	协助全陪或领队办理相关手续，将票据交给全陪或领队，并请其当面清点核实 有需要垫付的费用，地陪应照计划办理，回到旅行社后再凭票报销 等旅游团进入隔离区后，地陪方可离开
	与司机结账	送走旅游团后，地陪应与旅游车司机结账，在用车单据上签字，并保留好单据

19. 全陪在首站接团服务中的服务内容（程序）。

（1）接团前，了解首站接待工作的详细安排情况。

（2）与地陪提前半小时到接站地点迎候旅游团。

（3）接到旅游团后，与领队共同核实人数、行李等方面的情况。

（4）协助地陪集中、清点行李，并一起带旅游团上车。

（5）全陪应首先代表组团社和个人向旅游团致欢迎辞，然后介绍地陪，表示真诚地为旅游者服务的愿望和良好的祝愿。

20. 全陪在带团中各站服务的内容（程序）。

（1）通报团队的基本情况，协助地陪做好接待服务工作。

（2）监督各地接待社服务质量。

（3）活动安排与上站有明显重复，应建议地陪做必要调整。

（4）对当地工作有意见和建议，要诚恳提出，必要时向组团社汇报。

（5）保护游客的安全，预防并处理各种问题和事故：

A. 在游览过程中，要注意观察周围环境和旅游者的动向，以免旅游者走失或发生意外。

B. 每次上车、景点移动、集合时都要清点人数。

C. 随时提醒旅游者注意安全，保管好随身携带物品。

（6）做好上下站之间的联络，及时通报情况，落实接待事宜。

（7）当好购物顾问。

21. 全陪在途中服务的内容（程序）。

（1）乘火车（或船）途中需要用餐时，应及早与餐车负责人联系，订立标准及用餐的方式与时间，并告知游客的饮食习惯、特殊要求及禁忌。

（2）乘火车、轮船或长途汽车，途中可根据具体情况做些专题性讲解或组织娱乐活动，活跃旅途生活。

（3）如果有游客身体不适或突患重病，要给予特殊关照，必要时采取紧急救治措施。

（4）注意旅游团客人在途中的人身及财物的安全，及时提醒游客，提倡互相关心、互相照料。尤其在途中各站停车时，更要注意检点。

22.《全陪日志》的主要内容。

旅游团的基本情况、旅游日程的安排、交通情况、各地接待质量、发生的问题及处理经过、游客的反映及改进意见。

23. 领队在带团前听取组团社后勤操作人员介绍该团情况的主要内容包括：①该团构成情况；② 团内重点客人情况；③该团行程；④该团特殊要求与特殊安排；⑤该团行前说明会的安排。

24. 领队在带团出境前开说明会的主要内容。

（1）欢迎辞：感谢大家对本旅行社的信任，选择参加我们的团队。

（2）领队自我介绍：表明为大家服务的工作态度，并请大家对领队的工作予以配合和监督。

（3）对每位客人提出要求：注意统一活动，强调文明旅游规范，强化时间观念及相互之间团结友爱。

（4）行程说明：按行程表逐一介绍，必须强调行程表上的游览顺序有可能因交通等原因发生变化。说明属于自费活动的项目，客人可以自由选择参加。旅游行程说明，介绍目的地国家概况及风俗习惯。同时对游客提出要求，讲清注意事项，落实分房、交款等事项。

25. 带团出境时告知我国海关的相关规定。

（1）货币的携带与兑换：中国海关规定每位出国旅游人员可携带人民币 2 万元，可兑换美元 5000 元。

（2）携带中药材、中成药前往国外的总值限 300 元，前往港、澳地区的总值限 150 元，超过限值则不准出境。

（3）无需向海关申报物品的游客走“无申报通道”（绿色通道）；须向海关申报物品的游客走“申报通道”（红色通道）。

26. 领队与当地导游商定游览计划和日程安排，在协商日程时要注意的问题。

（1）如果当地导游人员修改日程，领队应坚持“可以调整顺序，不可减少项目”的原则，必要时报告国内组团社。

（2）当地导游人员推荐自费项目时，领队要征求全体旅游团成员的意见。

27. 对于领队在带团时，如发生旅游者在境外伤亡、病故的事件的处理。

（1）及时报告我驻所在国使领馆和组团社，并通知死者家属前来处理。

（2）在处理时，必须有死者亲属、使领馆人员、领队、接待社人员、当地导游人员及当地有关部门人员在场。

28. 景区景点导游服务的特点：

服务地域小；服务内容相对单一，仅为旅游者提供导游讲解服务。

29. 景区景点导游服务的环节及要求。

服务环节	要求
服务准备	了解旅游团的基本情况；根据旅游者的情况准备必要的专业知识和导游讲解的方式
导游讲解	致欢迎辞；景点讲解时先介绍概况，然后再带领游客参观游览，做分段讲解；结合景物或展品相机宣传环境、生态系统或文物保护知识；解答游客问询，注意游客的动向和安全
送别服务	致欢送辞，征询游客的意见和建议

散客旅游服务

1. 散客旅游服务概述。

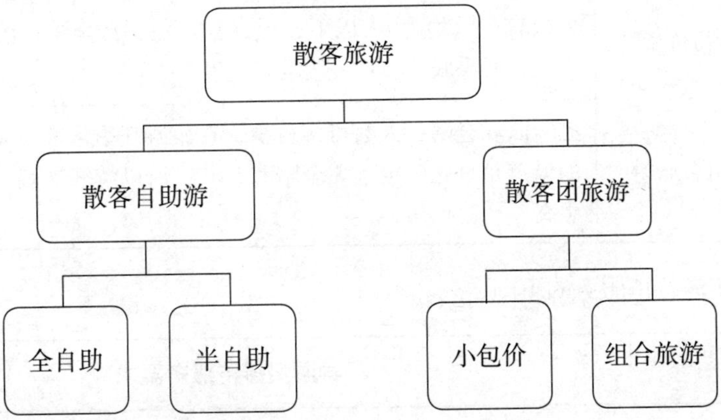

散客旅游：分为散客自助旅游和散客团旅游。是只由游客自行安排旅游行程，以零星现付的方式购买各项旅游服务的旅游形式。

2. 全自助旅游：个人、家庭或亲朋好友一起不使用旅行社的服务而自定行程、自主安排各项旅游事宜的旅游活动。

3. 半自助旅游：个人、家庭或亲朋好友一起自行安排旅游行程但使用部分旅行社服务的旅游活动。

4. 小包价旅游：通常是指房费与早餐、交通集散地接送服务费、城市间交通费和旅行社手续费采用包价，而其他服务由游客自选、费用现付的旅游形式。游客自选的服务包括午、晚餐，景点游览，文娱节目观赏，风味餐品尝等。

5. 组合旅游：旅行社将参观游览相同景点或赴同一地点、同一旅游线路的游客临时组织成团的旅游形式。

6. 散客旅游同团体包价旅游的区别。

	付费方式	价格
散客旅游	零星现付	相对昂贵
团队旅游	包 价	相对便宜

7. 散客旅游的特点。

<table>
<tr><th colspan="2">类型</th><th>特点</th></tr>
<tr><td colspan="2">散客自助游</td><td>人数少，规模小；自主安排旅游行程；旅游中所需的各项服务皆靠自助或半自助；自由度大，变化大</td></tr>
<tr><td rowspan="2">散客团</td><td>小包价旅游</td><td>人数较少，均为9人以下；旅行社一般不派全陪；游客有一定的自由度；所需服务项目一般没有优惠</td></tr>
<tr><td>组合旅游</td><td>无领队和全陪；人数可多可少，在旅游旺季常常为大团；只有游览的景点是事先确定；无全陪和领队，所以游客被骗、被“宰”的隐患高</td></tr>
</table>

8. 散客旅游接待服务的不同要求。

类型	导游员接待服务要求
半自助旅游散客	接站时，在标志牌上写清客人的姓名；如所送客人乘飞机出境，导游人员应叮嘱其确认机票；对于公务和商务游客要有较好的语言表达能力和娴熟的服务技能；沿途讲解采取对话形式

小包价散客团	伺机向游客推荐旅行社的其他方面的服务；提醒旅行社租派较宽松的旅游车；送团前一天与游客确认送站的时间和地点；若送9人以下的小包价散客团，导游人员应协助客人办理行李托运手续，并告知其保管好机票与行李签
组合旅游团	出游前事先与司机商定接送路线，逐一到客人下榻饭店接运；在游览方式和导游讲解上更多征求游客意见；提醒游客注意安全和集合时间、地点，以防走失

9. 散客旅游服务程序——接站服务。

服务准备	认真阅读接待计划（弄清是散客包价团还是单项委托服务，以及具体的服务项目；搞清是否与其他游客同乘一辆车前往下榻饭店）
	做好出发前的物质准备
	联系交通工具（与计调部门确定车辆，并与司机联系，约定出发的时间和地点）
接站服务	提前30分钟到港等候客人
	迎接散客
	沿途导游服务（对个体散客，则应采取对话形式）
	入住饭店服务
	确认行程安排

10. 导游人员在交通港口未找到应接散客的处理方法。

（1）询问交通港，确认本次航班（列车）的所有乘客全部出港。

（2）与司机在尽可能的范围内寻找至少 20 分钟。

（3）与客人的下榻饭店联系，查询客人是否已经自行入住。

（4）确实找不到客人，应与计调人员联系，告知情况请其查明原因。

（5）当确认确实无法接到客人后，经计调部门同意方可离开交通港。

11. 散客旅游服务程序——送站服务程序。

服务准备	仔细阅读送站计划
	与客人确认时间地点：必须在送站前24小时与客人联系，确定送站的时间和地点，若客人不在饭店，应留言告知再次联络的时间
	确定送站车辆；确保按规定提前到达交通港口（国内航班离站，中、小机场提前1小时抵达，大型机场起飞提前90分钟抵达，国际航班提前2小时抵达）

到饭店接运游客	提前抵达饭店（至少提前20分钟） 协助游客办理离店相关手续，提醒游客带齐随身物品
到站送客	协助办理离站手续；如送出境游客，一般情况下机场税由游客自付；将客人送入隔离区后方可离开；送别游客后，及时将有关情况反馈给散客部计调部门

12. 自驾车散客旅游的接待服务。

服务内容	对导游人员的要求
向导服务	熟悉目的地的有关情况，回答游客的有关问询，向游客提供周边景点的宣传材料
安全服务	提醒游客注意行车安全；若发生交通事故，要保护好现场，及时向有关方面报告；如遇突发性自然灾害，要积极组织他们实施自救
生活提醒服务	长途行车或赴偏远、人烟稀少的景点游览时，提醒自驾车游客准备好必要的食品和饮用水，以备不时之需

旅游故障的预防与处理

1. 旅游故障的含义与特点。

含义	旅游故障是指在导游活动过程中发生的各种妨碍旅游活动顺利进行并可能或已经对旅游者或接待方造成损害的问题和事故
引发的损害	人身损害、财物损害、心理损害、形象与声誉损害
特点	突发性、危害性、复杂性

2. 旅游故障的类型。

发生故障的原因	技术性故障（多人为）	接待环节出现差错或失误；接待单位的服务质量不符合标准；导游或相关人员问题考虑不周或责任心不强；机械临时故障
	自然性故障（非人力）	天气、自然灾害等不可抗力引发的行程受阻；旅游者突患重病或猝死
故障性质	问题性故障	旅游活动中出现的矛盾、疑难所引起的故障
	事故性故障	安全事故、非安全事故

故障涉及面大小	单一性故障	涉及人数少，事件单一，处理简单
	复合性故障	涉及面广，影响大，处理复杂

3. 事故性故障的分类。

	等级	一次事故造成	经济损失
安全事故	轻微	轻伤	1万元以下
	一般	重伤	1万元至10万元（含1万元）
	重大	死亡或重伤致残	10万元至100万元（含10万元）
	特大	死亡多名	100万元以上
非安全事故：责任事故和非责任事故两种			

4. 旅游故障形成的原因：

自然、技术、社会、人为、旅游者五大因素。

5. 旅游故障处理的基本原则与处理程序。

基本原则	将损失降至最小
	确保旅游活动顺利进行
	按规章办事
处理程序	沉着冷静，稳定旅游者
	分清孰轻孰重，拟定处置方案
	实施拟定的处置方案
	遗留问题的处理
	撰写总结报告

6. 在旅游过程中，旅游团（者）提出变更计划或活动日程的要求时，导游人员的处理方法：

一般不予更改。导游人员原则上应该坚持按合同执行，特殊情况由领队提出应上报组团社或接团社，并按其要求和指示做好变更工作。

7. 旅游计划变更前必须做好的工作。

（1）因客观原因需要变更计划，导游人员应向旅游团（者）做好解释工作，并及时将情况报告旅行社。

（2）拟定应变计划并报告旅行社。

（3）征得多数旅游者的同意。

8. 导游人员在拟定旅游路线变更方案时，要本着“变动最小，具有特色”的原则。

9. 由于旅游日程的变更，需要延长或缩短在某地的旅游时间，导游人员的处理方法。

延长	缩短
重新落实用餐、用房、用车	及时办理相关退订事宜
安排新增旅游景点或活动项目	抓紧时间，尽量完成计划内的景点游览
推迟离开，及时通知下一站	时间有限，游览当地最有代表性，最具特色的景点
重新落实旅游团的机（车）票	提前离开，要及时通知下一站

10. 在旅游过程中，由于客观原因造成的变更，被迫改变部分旅游计划，导游人员的处理。

（1）应同旅游者协商，征求多数旅游者的同意。必要时，可请旅行社领导出面，诚恳地向旅游者表示歉意。

（2）被迫取消当地的某一活动由另一活动代替时，地陪要以精彩的讲解、最佳的安排激起游客的兴趣，使新的安排得到游客认可。

11. 漏接。

<table>
<tr><td>定义</td><td colspan="2">指旅游团（者）抵达本地机场（或车站、码头）后没有导游人员迎接的现象。</td></tr>
<tr><td>原因分析</td><td>主观：
（1）工作不认真，将接站日期、时间地点搞错
（2）导游人员没有阅读变更通知，按原计划去接团
（3）没有查对新时刻表，仍按旧时刻表时间去接站
（4）导游人员迟到，未按规定时间提前抵达接站地点
（5）举牌接站的地方选择不当，与旅游团错过</td><td>客观：
（1）上下站接待社与导游人员之间沟通失误
（2）接待社虽接到上站通知，但未及时转告接团导游
（3）司机迟到
（4）交通堵塞或意外事件发生
（5）旅游者提前抵达或换乘其他航班</td></tr>
</table>

处理方法	主观：实事求是地向游客说明情况，诚恳地赔礼道歉；涉及费用应主动赔付；采取弥补措施，用更加热情周到的服务完成计划内的各项旅游活动	客观：与接待社有关部门联系，查明原因；耐心解释，以防引起误解；采取弥补措施努力完成计划，减少损失；必要时请旅行社的领导出面赔礼道歉或酌情给游客一定的物质补偿
预防措施	加强旅游信息传递的管理，使信息传递及时、准确 加强工作的责任心，认真对待接待任务，核实交通工具抵达的准确时间 提前半小时抵达接站地点	

12. 错接。

定义	指导游人员提前到达接站地点后，未认真核实而接待了不应属于他接待的旅游团 错接属于责任事故	
处理方法	同一家旅行社： 地陪应立即向领导汇报，经领导同意，地陪可不再交换旅游团；如果是地陪兼全陪，则应交换旅游团并向游客道歉	不同旅行社： 地陪应立即向接待社领导汇报，设法尽快交换旅游团，并向游客实事求是地说明情况并诚恳道歉
预防措施	认真阅读接待计划 杜绝迟到，地陪应提前半小时到达接站地点迎接旅游团 认真核实所接旅游团相关信息 全陪应主动与地陪一一核实各种信息 提高警惕，严防社会其他人员非法接走旅游团	

13. 空接。

定义	指由于某种原因，旅游团（者）没有乘坐计划的航班（或车次）推迟抵达，导游人员仍按原计划的航班（或车次）抵达时间接站而没有接到旅游团（者）的情况
原因分析	接待社未接到上一站的通知 上一站忘记通知 忘记通知地陪 旅游团（者）方面的原因
处理方法	与下榻饭店联系，核实是否自行抵达，以排除漏接 立即与接待社有关部门联系，核实抵达时间是否有变更 如接站地属于入境站，马上查清航班是否起飞，何时起飞，报告接待社 确系推迟抵达，听从接待社有关部门安排，不得擅自行事 若取消本地活动，立即通知接待社取消各种预定，并通知下一站

14. 入境旅游团人数变更的处理。

人数增加	办理口岸签证 立即通知接待社落实新增旅游者的住房、用餐、交通票 提醒接待社通知该团各地接待社人数增加的情况
人数减少	检查旅游团的团体签证是否对未到旅游者办理了签证注销手续，如没有，请领队在入境口岸办理 立即通知接待社变更该团住房、用餐、交通票 提醒接待社通知该团各地接待社人数减少的情况

15. 新增旅游者办理口岸签证。

提前接到通知	地陪应提前通过旅行社开出介绍信 准备好介绍信、地陪身份证、导游证 到机场办理进入隔离区通行证 迎接旅游团，协助办理入境口岸签证
临时发现问题	及时报告接待社 征得组团社同意后，地陪到口岸签证机关说明情况 协助办理口岸签证，介绍信后补
其他	申请人填写“外国人入境过境申请表”一份 申请人2寸半身正面免冠照片1张 国际通用货币缴纳规定的签证费

16. 误机（车、船）事故：指由于某种原因旅游团（者）未能按计划离站而暂时滞留的情况。

17. 误机（车、船）是重大事故，不仅会给旅行社带来巨大的经济损失，还会使游客蒙受经济或其他方面的损失，严重影响旅行社的声誉。

18. 造成误机事故的原因。

客观（非责任事故）	领队、旅游者不同意导游人员的时间安排，坚持己见，未按规定时间集合离开饭店 旅游者突然摔伤、重病或走失 途中遇到交通事故、严重堵车、汽车发生故障
主观（责任事故）	地陪粗心大意，将送站时间、地点搞错或是按旧时刻表时间送团 地陪安排日程不当或过紧，没有足够的时间使旅游团到达离站地点 地陪迟到，未能按时带领旅游团抵达离站地点 与行李员交接不畅，地陪未能及时办理登机手续

有关人员失误（责任事故）	航班（车次、船次）变更，未能及时通知导游人员 行李员迟到，地陪无法办理登机手续

19. 误机（车、船）事故的预防。

（1）提前做好交通票据的落实工作，并核对日期、班次、时间、目的地等。

（2）离站交通票未落实，地陪应随时与票务保持联系。

（3）离站当天，不安排范围广、情况复杂或偏远的景点参观游览；不安排购物和自由活动。

（4）安排充裕的时间提前抵达离站地点。

乘国内航班：提前 90 分钟到达机场。

乘国际航班：提前 120 分钟到达机场。

乘火车或轮船：提前 60 分钟到达车站或码头。

20. 误机（车、船）事故处理。

将成事故	立即向旅行社汇报，讲清可能延误的情况 与机场（车站、码头）联系，请求帮助，说明情况，请求等候 同意等候，立即为旅游者去除登机牌，尽快赶赴机场
已成事故	立即向旅行社领导及有关部门报告并请求协助 尽快与交通港口联系，争取让游客尽快改乘后续班次离开本站；或采取包机（车厢、船），或改乘其他交通工具前往下一站 稳定游客的情绪，安排好滞留期间的食宿、游览等事宜 及时通知下一站，对日程做相应的调整 向旅游团（者）赔礼道歉，写出事故报告，查清事故的原因和责任，责任者应承担经济损失并受政纪处分

21. 旅游者证件、行李、钱物遗失的预防。

（1）多做提醒工作。

（2）需要游客的证件时，应通过领队收取，用毕后立即如数归还，不要代为保管；随时提醒游客保管好自己的证件。

（3）每次游客下车后，导游人员都要提醒司机清车、关窗并锁好车门。

（4）旅游团离开一地时，导游人员应认真检查自己的行李，看是否保留有旅游者的证件及物品。

（5）切实做好每次行李的清点、交接工作。

22. 丢失外国护照和签证的处理。

（1）当地接待社开具遗失证明。

（2）失主准备本人彩色照片，持旅行社证明去当地公安机关出入境管理部门报失，由公安机关出具“护照报失证明”。

（3）失主持“护照报失证明”立即去所在国驻华使领馆申办新护照。

（4）失主持新护照再去公安机出入境管理部门申办签证手续。

（5）持有居留证件的外国人遗失护照并取得新护照后，还应申请办理居留证件上的护照号码的变更手续。

23. 补办团队签证。

（1）重新打印该团旅游者名单，准备好原团体签证的复印件（副本）。

（2）接待社开具遗失公函。

（3）收集该团全体成员的护照。

（4）到公安局出入境管理处报失，填写有关申请表，申请新的团体签证。

24. 华侨丢失护照和签证的处理。

（1）当地接待社开具遗失证明。

（2）失主准备彩色照片。

（3）失主持遗失证明到省、自治区、直辖市公安局（厅）或授权的公安机关报失并申办新护照。

（4）持新护照去其侨居国驻华使领馆办理入境签证手续。

25. 中国公民出境旅游时丢失护照的处理。

（1）请地陪协助在接待社开具遗失证明。

（2）持遗失证明到当地警察机关报案，取得警察机关开具的报案证明。

（3）持当地警察机关的报案证明和失主照片及有关护照资料到我驻该国使领馆领取“中华人民共和国旅行证”。

（4）回国后，可凭本人身份证、“中华人民共和国旅行证”和境外警察机关的报案证明，申请补办新护照。

26. 丢失“港澳居民来往内地通行证”的处理。

（1）向遗失地的市、县或交通运输部门的公安机关报失。经查实，由公安机关调查后出具证明，或由接待社开具遗失证明。

（2）持遗失证明到遗失地的市、县公安机关出入境管理部门申请签发一次性有效的“中华人民共和国入出境通行证”，凭证返回香港、澳门。

（3）返回后，填写“港澳居民来往内地通行证件遗失登记表”和申请表，凭本人港澳居明身份证，向通行证受理机关申请补发新的通行证。

27. 台湾居民遗失来往大陆通行证的处理。

应由旅行社开具证明，向当地市、县公安机关报失，调查属实后可重新申领相应的旅行证件，或发给一次性有效的出境通行证。

28. 丢失中华人民共和国居民身份证的处理。

当地接待社核实后开具证明；失主持证明到当地公安局报失；经核实后开具身份证明；机场安检人员核准放行；回到居住地后，凭公安局报失证明和有关材料到当地派出所办理新身份证。

29. 行李丢失或损坏的预防与处理。

预防	出站时，导游人员应同领队、行李员一起清点行李 入店时，应核对送达的行李，并督促行李员送至客房 离店时，应同领队、行李员一起清点行李件数
丢失	来华途中（责任主要在航空公司）： 带失主到机场查询登记处办理行李丢失和认领手续 在当地游览期间，导游人员要打电话询问寻找行李的情况，一时找不回行李，要协助失主购置必要的生活用品 离开本地前行李还没有找到，导游人员应帮助失主将全程旅游线路以及各地可能下榻的饭店名称转告有关航空公司，以便行李找到后及时运往最适宜地点交还失主 若行李确系丢失，告知失主可向有关航空公司索赔
	我国境内（责任在我方）： 分析判断行李丢失的环节，再请有关人员帮助寻找 主动做好失主的工作，就丢失行李事故向失主表示歉意，并帮助其解决因行李丢失而带来的生活方面的困难 经常与有关方面联系，询问查找进展情况 将找回的行李及时归还。如果确定行李确实丢失，则应由旅行社领导出面向失主说明情况并表示歉意 帮助失主根据惯例向有关部门索赔 向旅行社呈交行李丢失处理报告，包括丢失情况、查找过程、处理结果及失主和其他旅游者的反映等
损坏	带领行李损坏的旅游者到机场行李查询登记处填写“行李运输事故记录” 帮助行李损坏的旅游者找承运人索赔

30. 境外旅游者丢失了钱物的处理。

（1）稳定失主情绪，仔细回忆丢失的经过、丢失的时间和地点。

（2）了解失物的数量、形状、特征、价值。

（3）分析丢失的原因和性质，积极帮助寻找。

（4）若被盗，应立即向公安机关或有关保卫部门和保险公司报案。

（5）及时向接待社领导汇报，听取其指示。

（6）假如就是下列物品。

贵重物品	接待社出具遗失证明 失主持证明、本人护照或有效身份证件 到省、自治区、直辖市公安局出入境管理处 填写“失物经过说明”，列出遗失物品清单
已申报需带出	向公安局出示“中国海关行李申报单”
“中国海关行李申报单”	在公安局出入境管理处申办“中国海关行李申报单报失证明”
境外财产保险的物品	在公安局出入境管理处申办“财物报失证明”
金融票证 （旅行支票、信用卡）	向公安机关报失的同时应及时向有关银行或发卡公司挂失

31. 国内旅游者丢失钱物的处理。

（1）立即向公安局或有关保安部门或保险公司报案。

（2）及时向旅行社报告。

（3）旅游活动结束时仍未找到线索破案，可根据丢失的时间、地点和责任方的具体情况做善后处理。

32. 在境外丢失机票的处理。

（1）领队应马上告知当地导游人员，请其立即向所属航空公司挂失。

（2）机票挂失的手续：当地售票处呈交书面挂失申请，填写“机票丢失索赔和补偿协议”。

（3）继续乘机旅行，需在该航空公司重新购买机票，并将票上的情况填在一份有“重新购票情况”的表格上。

（4）回国后，在持“重新购票情况”、新购机票的票根及护照等资料，向原开票航空公司申请退款。

33. 旅游者走失的原因。

（1）导游人员未讲清游览安排或未做好必要的提醒。

（2）低配的导游讲解欠佳，旅游者脱离团队。

（3）旅游者忘记导游人员的提醒自行走散。

（4）旅游者自由活动、外出购物时没有记清路线和下榻饭店地点而走失。

34. 旅游者走失的预防。

（1）每天向游客报告行程，讲清上午、下午的游览地点，中餐、晚餐用餐的地点和餐厅的名称。

（2）在景点下车游览前，告知全体游客旅游车的停车地点、车号及车辆的特征，并强调开车的时间。

（3）在景点示意图前，向游客介绍游览路线、所需时间，及集合的时间、地点等。

（4）游览中地陪要举社旗，以丰富的讲解内容和高超的讲解技巧吸引游客，在景点中每次转移时，一定要将游客集中后清点人数，待人数无误后，才可以离开前往下一个景点。

（5）旅游者单独外出时，地陪应提醒记住接待社的名称、联系电话等。

（6）自由活动或外出购物，建议结伴而行。

35. 参观游览中旅游者走失的处理。

（1）了解情况，请领队、全陪分头寻找。

（2）争取有关部门的协助。

（3）与下榻饭店保持联系。

（4）仍未找到，应及时向接待社汇报，必要时经领导同意向公安局报案。

（5）找到后，应问清情况，分析走失原因。

（6）若发生严重走失事故，应写出书面报告。

36. 自由活动中旅游者走失的处理。

（1）立即报告接待社和饭店保卫部门同时报案。

（2）找回后，应问清情况，引以为戒。

（3）若走失后发生其他情况，应视具体情况处理。

37. 旅游者患病的预防。

了解旅游者的健康状况；活动日程安排留有余地，劳逸结合；做好提醒预报工作。

38. 旅游者患一般疾病的处理。

（1）一般疾病主要有：感冒、发烧、晕车、中暑、失眠、便秘、腹泻等。

（2）处理：劝旅游者及早就医并多休息；关心旅游者的病情；向旅游者讲清看病费用自理；严禁导游人员擅自给患者服用自备药，不要建议患者用药。

39. 旅游者突然患病的处理。

前往景点途中	征得患者、亲友或领队同意后，立即送往就近医院 必要时暂时中止旅游活动 及时报告旅行社
游览景点中	不要搬动患者，就地坐下或躺下 拨打120叫救护车 请求景点工作人员或管理部门帮助 及时向接待社报告
饭店中	通知饭店医务人员前来救治，然后将患者送往医院，并及时报告旅行社
长途运输中	请求乘务员帮助 通知下一站做好救援准备

40. 旅游者患重病送医院抢救时，导游人员都应做好的工作。

（1）将患者的病史和送医院前的救治情况转告医院。

（2）送往医院需由患者亲属或领队陪同前往。

（3）患者是国际组织的投保者，应提醒与该组织驻华机构联系。

（4）详细记录患者救治的全过程，保管好书面资料。

（5）若需动手术，需征得患者亲属同意，亲属不在由领队同意签字。

（6）若患者病危，亲属不在，应及时提醒领队通知其亲属。

（7）有关患者救治的书面材料应由主治医生出具并签字，妥善保存。

（8）期间，全陪与地陪适当分工，安排好其他旅游者的活动。

（9）患者需住院治疗，要不时前往医院探视。

（10）救治费用自理。

（11）患者住院期间的综合服务费由中外旅行社之间结算，按协议规定处理，患者亲属来华期间一切费用自理。

41. 旅游者因病死亡的处理。

（1）死者亲属不在身边，应立即通知前来处理。

（2）由参加救治的医师向死者报告抢救过程，并出示“抢救经过报告”“死亡诊断证明书”，主治医师签字盖章，复印后交给亲属、领队、旅行社。

（3）对正常死亡和死因明确的非正常死亡一般不做尸体解剖，如要求解剖需提出书面申请，院方同意后方可进行，写出“尸体解剖报告”。

（4）属于非正常死亡，导游人员要保护现场，立即报告公安局和旅行社，协助查明死因；解剖尸体需征得死者亲属或领队或驻华使、领馆人员的同意和签字。

（5）协助领队清点死者遗物，开列清单及善后。

（6）遗体的处理一般以当地火化为宜。

（7）火化后，火葬场将死者的“火化证明书”交亲属或领队，我国民政部门发给携带骨灰出境证明。

（8）我方应协助死者亲属办理人寿保险索赔、医疗费报销等有关证明。

（9）期间，旅行社应安排好其他旅游者的参观游览。

（10）遗体运回要办理“尸体防腐证明书”“装殓证明书”或“外国人运带灵柩许可证”和“尸体灵柩出境许可证”。

（11）死者所属国驻华领事馆办理一份遗体灵柩经由国家的通行证。

（12）各项费用均由死者亲属或旅游团交付。

（13）在整个处理过程中应注意：必须有死者亲属、领队，以及使、领馆人员和旅行社有关领导在场，导游人员切忌单独行事；有些环节需公安局、旅游局、保险公司有关人员在场；每个环节都应有文字根据；事故处理后要写出“死亡善后处理报告”，并将报告、证明文件和清单及有关资料存档备查。

42. 旅游安全事故的预防与处理。

	预防	处理
交通事故	安排日程时间上留有余地 遇有天气不好，路况不好时提醒司机谨慎驾驶 一般不与司机聊天，但是长途行车中可以聊天防止犯困 禁止非本车司机开车，提醒司机不要饮酒。酒后驾车的司机，立即阻止，并报告旅行社有关部门，要求改派其他车辆或调换司机 提醒司机经常检查车辆，及时修理或更换车辆	立即组织抢救 保护现场，立即报案 迅速向接待社报告 做好游客的安抚工作 做好事故善后工作 写出事故书面报告

治安事故	将贵重财物存入饭店保险柜 提醒游客不要让陌生人进入房间 不与私人兑换外币 不要将贵重物品和证件留在车内 提醒司机锁好车门、关好车窗 游览中提醒游客保管好自己的财物，旅游活动中，始终和游客在一起，注意观察周围的环境和动向，经常清点游客人数	保护游客的人身、财物安全 立即抢救受伤游客 立即报警 及时报告旅行社 做好善后工作 写出事故情况报告
火灾	多做提醒工作 熟悉饭店安全出口转移的路线 牢记火警电话（119），掌握领队和本团游客所住房间号	立即拨打119报警 迅速通知领队及全团游客 判断火情，引导自救 协助处理善后事宜
溺水事故	在河边、湖边游览时，不要太靠边，以免不慎跌入 提醒不要单独去偏僻或不明水情的地方游泳 漂流活动要穿好救生衣 乘船不要超载，了解救生设备的存放位置和使用方法 不要在河湖封冻初期或解冻期的冰面滑冰或行走	导游人员熟悉水性，可迅速救助 不熟悉水性应设法救助 被救上岸，应迅速打电话通知110、120，报告旅行社的同时，救治溺水者 送往医院后，应继续进行旅游活动 对获救旅游者应安慰并提醒注意安全 就该事故写出书面报告
食物中毒	严格执行旅游定点餐厅就餐的规定 提醒游客不要在小摊上购买食物 用餐时若发现食物、饮料不卫生，或有异味变质的情况，应立即要求更换，并要求餐厅负责人出面道歉，必要时向旅行社领导汇报 提醒不要采摘旅游景点里的野果食用	细菌性，应立即禁食，同时催吐 如轻度脱水应卧床，多喝加糖的淡盐水 脱水严重，尽快就医 封存食物和呕吐物，带到医院协助诊断 要求医生开具“诊断证明”，写明中毒原因 集体中毒，拨打120，同时报告卫生检疫等部门 不得不放弃某些活动，应与旅游者商量

43. 旅游者越轨言行的处理。

攻击污蔑言论	境外旅游者：不理解而产生的误解和分歧：积极友好地介绍我国国情，认真回答问题，表明立场观点，求同存异 站在敌对立场上：严正驳斥，必要时报告有关部门 国内旅游者：应阐明观点，指出问题的性质，劝其自制，如有违法行为，立即报告有关部门
违法行为	境外旅游者。 缺乏了解：讲清道理，指出错误，根据违法情节危害程度，确定是否报告有关部门 明知故犯：提出警告，并报告有关部门，查明后严肃处理 中外旅游者中若有从事窃取国家机密、偷盗文物等犯罪活动，一旦发现，应立即汇报，配合司法部门查明情况，严肃处理
违规行为	异性越轨行为。 中国旅游者：严正指出后果的严重性，立即改正 境外旅游者：应予阻止，告知我国的道德观念和异性间的行为准则，不听劝者指出严重性，必要时采取果断措施，情节严重者应及时报告有关部门依法处理 酗酒闹事者。 规劝，指出严重后果，尽力阻止 对喝醉的旅游者要尽力劝其停止饮酒 醉酒不醒的要同饭店人员一起搀扶至房间 摔坏、弄脏餐厅物品、设备，按规定赔偿 不听劝告必须承担一切后果，甚至法律责任

44. 旅游投诉产生的原因。

旅游服务部门	交通、住宿、餐饮等方面
旅行社方面	擅自改变旅游活动日程 旅游活动日程安排不当 导游人员工作不力和失误 延长购物时间和增加自费项目 处理旅游投诉态度消极
旅游者方面	对旅游合同的内容理解不当 对旅游活动的期望值过高 法律意识淡薄

45. 旅游者投诉的心理特征：求尊重、求发泄、求补偿。

46. 旅游投诉的处理。

（1）耐心倾听，不予争辩。

（2）表示同情和理解，不盲目做出承诺。

（3）调查了解，迅速答复。

47. 在处理投诉时，导游人员必须做到 5 点。

（1）办理及时，不要拖延。

（2）答复迅速。

（3）对旅游者反映的意见表示感谢。

（4）对一些重要投诉或导游人员无力解决的问题要及时报告旅行社。

（5）注意保护投诉者的隐私。

旅游者个别要求的处理

1. 游客的个别要求。

在旅游团到达旅游目的地后的旅游过程中，个别游客或少数游客因旅游生活上的特殊需要临时提出的要求。

2. 游客的个别要求分类及处理原则。

分类	处理原则
合理的要求，经过导游人员努力可以满足	“合理而可能”
具有合理性的要求，但难以满足	认真倾听，耐心解释
不合理的要求，不能满足	尊重旅游者，不卑不亢

3. 导游服务的基本原则——努力满足游客需要。

4. 游客提出的要求虽然具有合理性，却过于苛刻；看似合理，但旅游合同上没有规定这类服务或在中国目前还无法提供服务；对导游人员的工作横加指责、过分挑剔。针对上述要求导游人员处理原则如下：

导游人员一要认真倾听，二要微笑对待，三要耐心解释。

5. 旅游团中难免有无理取闹的人，他们故意提出一些无理的要求来刁难导游人员。导游人员的处理如下。

无理取闹程度	处置方法
一般	继续热情服务 合理可能的要求，尽力满足
影响旅游团正常活动	请领队出面协助解决 直接请客人主持公道
情节严重，无法处理	向领导汇报，请其协助

6. 游客由于宗教信仰、生活习惯、身体状况等原因提出饮食方面的特殊要求，导游人员的处理。

特殊要求	地接社（地陪）
协议书中明文规定	早做安排、检查落实、不折不扣地兑现
抵达旅游目的地后提出	与餐厅联系，在可能的情况下尽量满足 确有困难，可协助其自行解决

7. 游客提出将中餐换成西餐，便餐换成风味餐等的换餐要求时，导游人员的处理。

换餐要求	处理方法
用餐前3小时提出	尽量与餐厅联系，差价旅游者自付
接近用餐提出	一般不应接受，做好解释工作
坚持换餐	建议、自己点菜，费用自理，原餐费不退
加菜、加酒水	可以满足，费用自理

8. 其他餐饮要求的处理。

餐饮要求	处理方法
单独用餐	耐心解释，请领队调解 游客坚持，与餐厅联系，餐费自理，原餐费不退
客房内用餐	生病，了解是否收费，向客人讲明，请服务员将饭菜送至客人房间 健康，餐厅能提供此项服务，可满足，告知服务费自理

自费品尝风味	请旅行社预定 帮助旅游者与有关餐厅联系订餐
取消风味餐	劝说游客在约定时间前往餐厅 若不去用餐须赔偿餐厅的损失 离用餐时间越近，交付的损失费越多
推迟晚餐	餐厅有固定的用餐时间，过时用餐需自行另付服务费 若旅游团同意付费，可满足其要求
不愿随团用餐	原因：生病、访友、离团自由活动 同意其要求，但必须告知原餐费是不退的

9. 游客要求换房，导游人员的处理。

换房要求	处理方法
房内有蟑螂、臭虫、老鼠等	满足其要求，必要时应调换饭店
设施破损、卫生间达不到清洁标准	立即更换破损设施；打扫、消毒
调换不同朝向、楼层的同一标准客房	饭店有空房，可适当满足 请领队在内部调配 无法满足时，耐心解释，向游客致歉 如有差价，客人同意交差价，可同意换房

10. 其他住房要求的处理。

住房要求	处理方法
住高于合同规定标准的房间	有空房即可予以满足 事先应告知要交付退房损失费和房费差价
所住客房低于协议标准	必须负责予以调换 确有困难须说明原因并提出补偿条件
同屋游客因矛盾或生活习惯不同而要求住单人间	请领队调解或在内部调整 若调解、调整不成，饭店有空房可满足其要求，事先说明房费自理（谁提出住单人间谁付房费）
购买客房摆设	协助其与饭店有关部门联系
延长住店时间	与饭店联系，由空房，可满足，房费自理 无空房，协助联系其他饭店，房费自理

11. 游客要求单独外出购物，导游人员的处理：予以协助，并当好参谋；安排出租车并写便条让其带上。

12. 导游人员要劝阻游客尽量不要单独外出购物的情况：旅游团快离开本地时。

13. 游客购物后，尤其是导游人员带领团队购物后发现是残次品、计价有误或对物品不满意，要求导游帮其退换，导游人员的处理：不得敷衍搪塞或推托不管，应积极协助，必要时陪同前往。

14. 游客要求再次去某商店购买商品：只要时间许可，导游人员可写个便条，让其租车前往商店购买，也可陪同前往。

15. 境外旅游者要求购买古玩或仿古艺术品，导游人员的处理：带其到文物商店购买；提醒其保存发票；不要将物品上的火漆印去掉，以便海关查验。

16. 游客在地摊上选购古玩，导游人员的处理。

（1）导游人员应劝阻。

（2）告知我国海关规定：携带我国出口的文物，应向海关递交中国文物管理部门的鉴定证明，否则不准携出，地摊无法为其提供这种证明。

17. 若发现个别游客有走私文物的可疑行为，导游人员的处理：导游人员须及时报告有关部门。

18. 境外旅游者要求购买中药材、中成药，导游人员的处理。

我国海关的规定：进境旅客出境时携带用外汇购买的、数量合理的中药材、中成药，需向海关交验盖有国家外汇管理局统一印制的“外汇购买专用章”的发货票，超出自用合理数量范围的不准带出。

麝香不准出境，严禁携带犀牛角和虎骨进出境。

19. 游客提出代为托运大件或暂时不能携带的物品，导游人员的处理：

（1）告知游客外汇商店一般经营托运业务。

（2）若商店无托运业务，导游人员要协助游客办理托运手续。

20. 在商店无货时，对游客让导游人员代购并托运商品的请求，导游人员的处理：

（1）一般应予婉拒。

（2）推托不掉时，要请示领导。

（3）接受了游客的委托，应在领导指示下认真办理；请游客写出委托书，收取足够的钱款；余额、发票、托运单及托运费收据在事后由旅行社寄给委托人；旅行社保存复印件以备查验。

21. 文娱活动方面个别要求的处理。

已安排计划的文娱节目后，要求更换	时间许可又有可能调换时，请旅行社调换 无法安排，要耐心解释，明确告知票已订好，不能退换，请游客谅解 游客坚持观看别的演出，可予协助，但购票费自理，原票款不退
分路观看演出	演出点在同一线路，要与司机商量，尽量为双方提供方便；若不同路，则应为他们安排车辆，但车费自理
自费观看文艺演出	一般应予以协助，如帮助购买门票、要出租车等，通常不陪同前往

22. 游客要求自费外出观看文娱节目，导游人员的处理。

（1）报告接待社有关部门，请其余有关娱乐单位联系并报价。

（2）将报价告知旅游者，征求意见。

（3）旅游者认可后，进行预订，定好后，向旅游者收取费用。

（4）地陪陪同旅游者前往。

（5）帮旅游者购买节目票，请其自行乘出租车前往，一切费用自理。旅游者若去大型娱乐场所或环境复杂的演出场所，地陪最好采用第（1）种办法。

23. 游客要求去不健康的娱乐场所或过不正常的夜生活，导游人员的处理。

导游人员应断然拒绝并介绍中国的传统和道德观念，严肃指出不健康的娱乐活动和不正常的夜生活在中国是禁止的、是违法的。

24. 游客自由活动要求的处理。

要求	处理
已多次来访本地或游览过某一景点，因而希望不随团活动	若不影响旅游日程安排，可以满足 提供必要的协助:帮助找出租车，提醒其带上饭店的店徽，写一便条交给游客；提前说明离团期间费用不退，增加的费用自理，告知用餐时间和地点等；提醒其注意安全，保护好随身所带财物
希望不按规定的线路游览而希望自由游览或摄影	若游人不多、秩序不乱，可满足其要求 提醒注意安全，保管好自己的财物，提醒游客集合的时间和地点及旅游车的车号，必要时留一字条，上面写集合时间、地点和车号，以及饭店名称和电话号码

晚上如无活动安排，游客要求自由活动	提醒带上饭店卡片，建议其不要走得太远，不要去秩序混乱的场所，不要外出太晚等

25. 应劝阻旅游者自由活动的情况。

（1）旅游团即将离开本地时。

（2）要去的地方交通拥挤，治安混乱，明显存在安全问题。

（3）骑自行车外出活动，游河（湖）时，游客提出希望划小船或在非游泳区游泳的要求。

（4）游客要求去不对外开放地区、机构参观游览的要求。

26. 游客希望探望在旅游目的地的亲友，导游人员的处理。

探望亲友	处理方法
知道亲友姓名、地址	应协助联系，并向游客讲明具体乘车路线
地址不详	请公安户籍部门帮助寻找，找到后告诉游客并帮其联系 旅游期间没找到，留下联系方式，找到后通知

27. 海外游客要求会见中国同行洽谈业务、联系工作、捐款捐物或进行其他活动，导游人员的处理：导游人员应向旅行社汇报，在领导指示下给予积极协助。

28. 海外游客慕名求访某位名人，导游人员的处理：导游人员应了解游客要求会见的目的并向领导汇报，按规定办理。

29. 外国游客盛情邀请导游人员参加使、领馆举行的活动，导游人员的处理：导游人员应先请示领导，经批准后方可前往。

30. 游客到某地后，向导游人员提出希望亲友随团活动，甚至随团到外地去旅行游览的要求，导游人员的处理。

（1）先征得领队和旅游团其他成员的同意。

（2）与旅行社有关部门联系，到旅行社办理入团手续：出示有效证件、填写表格、缴纳费用。

（3）时间紧，经接待社同意后，地陪可代为查阅证件，收取费用。

（4）导游人员应一视同仁地对待亲友。

（5）外国外交官员随团活动的，应请示接待社，严格按我国政府的有关规定办理。

31. 游客要求旅行社和导游人员帮助其向有关部门或亲友转递物品时，导游人员的处理。

转递物品	处理方法
一般情况	建议亲手转交，若确有困难可予以协助
重要物品	手续要完备
纳税物品	促其纳税
贵重物品	首先婉拒 请示领导同意后接受委托 按规定的手续办理；请游客书写委托书，注明物品名称和数量等；核对物品；办好签收手续；将委托书和收锯交旅行社保管

32. 游客要求转递的物品中若有食品，导游人员的处理：应婉言拒绝，请其自行处理。

33. 外国游客要求导游人员帮助将物品转递给外国驻华使、领馆及其人员时，导游人员的处理。

（1）应建议其自行办理，但可给予必要的协助。

（2）若游客确有困难不能亲自去送，应详细了解情况请示旅行社领导，将转递物品交旅行社，由其转递。

34. 游客因患病、家中有事、工作急需或其他特殊原因，要求提前离开旅游团并中止旅游活动，导游人员的处理。

经接待社与组团社协商后可予以满足。至于未享受的综合服务费，按旅游协议书规定，或部分退还或不予退还。

35. 游客无特殊原因，只是某个要求得不到满足而提出提前离团时，导游人员的处理。

（1）问明原因并报告接待社。

（2）做好工作：耐心解释，说明难以办到的原因；若接待旅行社确有责任，应设法弥补；若是与团内其他旅游者闹矛盾，英语领队一起做好调解工作。

（3）满足要求。

若劝说无效，游客仍执意要求退团，可满足其要求，但应告知其未享受的综合服务费不予退还。

36. 旅游者中途退团后的工作。

导游人员	持旅行社证明为其办理分离签证和其他离团手续 协助其订妥机（车）票 安排车辆送其去机场（车站） 所有离团费用均由旅游者自理
旅行社	退掉该旅游者在当地的房间、餐饮服务和赴下一站的交通票 将旅游团人数减少的信息通报下一站，并上报组团社

37. 入境旅游者因伤、病需要延长在华的逗留时间，导游人员的处理。

（1）帮助办理其入院、出院手续。

（2）帮助其亲友解决生活上的困难。

（3）协助其办理与旅游团的分离签证，必要时办理延长签证手续。

（4）不时到医院探视或陪同社领导去医院探视，以示关怀。

（5）出院后，帮助其重新订购机（车）票和其他离境手续。

（6）帮助安排出租车，将其送往机场（车站）。

以上各项服务所需费用均由旅游者自理，其住院期间未享受的综合服务费按合同规定或协商处理。

38. 外国游客在旅游团的活动结束后要求继续在中国旅行游览，若不需延长签证，导游人员的处理：一般可满足其要求。

39. 外国游客在旅游团的活动结束后要求继续在中国旅行游览，若需延长签证，导游人员的处理。

（1）原则上应予婉拒。

（2）若确有特殊原因需要留下，导游人员应请示旅行社。

（3）提供必要的帮助：陪同游客持旅行社的证明、护照及集体签证，去当地公安局办理分离签证手续和延长签证手续，协助其重订航班、机座，帮其订妥客房，所需费用由游客自理。

（4）旅游团离境后，留下的游客若需要旅行社继续为其提供导游等服务，则须另签合同。

40. 特殊旅游者的接待。

宗教界	提前做好有关准备：了解旅游者信奉的宗教，教会中的职位，做好只是准备；知晓我国的宗教政策；了解本地教堂的位置和开放时间 尊重宗教旅游者的信仰和习惯，满足其特殊要求 不要向宗教界旅游者宣传“无神论” 对散发宗教宣传品的行为要及时劝阻
儿童	照顾好儿童的安全 照料好儿童的生活 掌握好“四不宜”原则：不宜突出儿童而冷落了成年旅游者；不宜给儿童买食物、玩具；不宜单独带旅游者的孩子外出活动；儿童生病，不已建议家长的用药，更不能将自己的药品给其服用，建议家长去医院治疗 注意儿童的收费标准
老年	游览中适当放慢行进速度 讲解时适当放慢语速 耐心解答问题 预防老年人走失 多做提醒工作 适当增加休息时间，关心其身体健康
残疾	截瘫旅游者：明确是否需要轮椅，提前进行准备；旅游车的选择应方便轮椅和其他物品的存放；提前到机场办理手续，以便导游人员直接进隔离区接待；活动安排上尽量充分考虑生理条件和特殊需要 聋哑旅游者：将其安排至旅游车前排就座；讲解时面向他们，放慢语速，能用手语讲解更好 视力障碍者：安排前排就座，靠近讲解，参观游览中可以的话尽量触摸，提高游兴

导游带团技能

1. 导游员带团应树立的意识。

（1）服务意识——导游员带好旅游团的必要条件。

（2）质量意识——做好导游服务的根本。

（3）协作意识——带好团的必要条件。

（4）市场意识——优质的带团导游服务可以起到扩大市场的作用。

2. 导游带团的特点。

带团特点	对导游的要求
契约性	导游人员在带团中应认真按照旅游协议或约定的内容与要求，全面地落实旅游接待计划，并按照《导游服务规范》提供规范化服务
整体性	导游人员在带团过程中，自始至终应要求旅游团游客集体行动
差异性	根据个别游客的具体情况，恰到好处地提供个性化服务

3. 导游带团应遵循的原则。

原则	要点
合理安排的原则	导游应处理好三方面的关系：强和弱、多数和少数、劳和逸
引导和调控相结合的原则	引导的方式：直接（劝说、解释，摆明利弊），间接（暗示、类比、反问，引起注意） 调控：导游员对游客言行的偏差或越轨进行的调节和控制
确保旅游行程计划顺利实施的原则	带团中，如出现分歧和矛盾时，应予以疏导，防止矛盾扩大化，保证旅游计划顺利实施

4. 导游交往应遵循的原则：维护国家利益和民族尊严；恪守信誉；诚实无欺，双方获利。

5. 导游人员同旅游团游客之间实现友好交往、相互配合的目的，必须全盘考虑的因素。

物理系统——导游员与游客之间实现友好交往、相互配合的基础；

信息沟通——导游员与游客之间实现友好交往、相互配合的重要手段；

形象因素——赢得游客信任的重要手段，是实现同游客友好交往，得到游客配合的重要条件；

情感因素——导游员和游客之间实现友好交往、密切配合的强化剂；

利益因素——实现双方的最佳利益是导游人员和游客之间友好交往、相互配合的根本目的。

6. 沟通的分类。

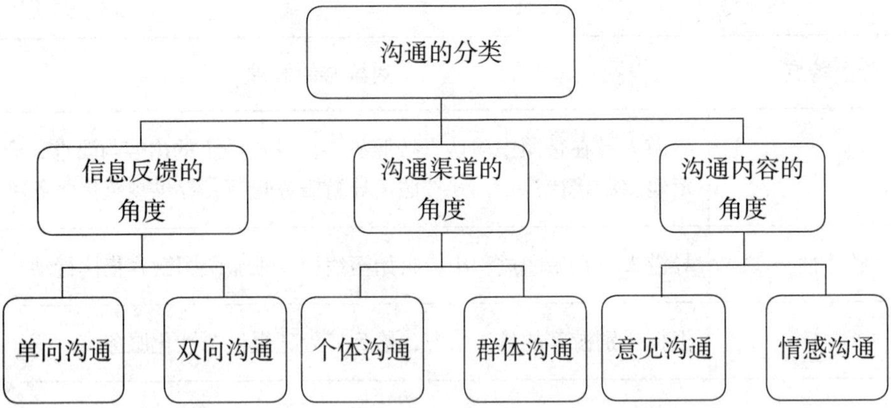

7. 沟通的步骤：导游沟通从步骤上分为接近、交谈；从内容上看，包括信息沟通和情感交流。

8. 导游人员调节游客情绪的主要方法：补偿法、转移注意法和分析法；分析法往往是不得已而为之，谨慎使用。

9. 导游人员在与游客交往过程中的处理事情的技能。

处理事情的方法	具体方式、方法
劝导	关切诱导：导游员以自己的热情和及时的援助去抚慰、帮助游客 因势利导：在尊重游客个性的前提下，通过摆事实来使其信服的办法 旁敲侧击：俗称“兜圈子” 赞扬鼓励：对游客中一切有利于旅游活动进行的言行给予支持和鼓励，借以影响和引导其他游客行为的方法 以退为进：俗称“给面子”或“给台阶下”
推拒	先是后非、推托拖延、顺水推舟、善意的“谎言”、巧妙的暗示、必须说“不”
应急	微笑不语、类比反问、有意岔题
道歉	运用态势语言、运用口头语言、予以补偿

10. 与领队合作的基础和方法：领队是组团社派出的、代表组团社为旅游团的旅游活动提供专职服务的人员。旅游目的地的导游人员要带好旅游团，同领队和睦相处，争取其友好合作至关重要。

与领队合作的基础	与领队合作的方法
服务对象相同：同一旅游团的游客	多同领队磋商：旅游团活动日程的最终确定；旅游计划被迫更改；旅游故障或事故的发生；经常征求领队对导游服务的意见和建议
服务目标相同：以旅游协议为依据，使游客的旅游活动安全顺利地进行为目标	多给领队“面子”：善于调动领队的积极性，利用适当时机或创造必要的条件，在掌握导游主动权的同时，多给领队“面子”和表现机会
服务基本指导原则相同：满足游客的需要和维护游客的合法权益	支持领队的工作：尊重其工作权限，必要时给予适当的帮助

11. 司陪间的合作。

导游人员与司机的合作	导游人员之间的合作
尊重司机的劳动	互通信息，主动争取各方的配合
做好沟通工作	彼此尊重，相互学习
协助司机做好安全行车工作	互相补台，勇担责任

导游语言技能

1. 导游语言是运用于导游服务的语言，它是一种具有鲜明职业特点和倾向的语言。一名合格的导游人员不仅要练习好语言基本功，而且要能比较熟练地掌握导游语言艺术。

2. 导游语言艺术是导游艺术的一个重要方面，它贯穿于导游交往、导游讲解、问题处理和生活照料等导游服务的各个领域。

3. 导游语言：狭义的导游语言是指导游人员进行导游服务所使用的口头语言，即导游人员用来进行导游讲解和与游客进行信息沟通、思想交流、表达感情、传播文化时，使用的一种富有丰富表达力、生动形象的口头语言。广义的导游语言包括口头语言、书面语言和体态语言。

4. 导游语言具有自身的特点，概括起来主要是“宽”“活”“美”。

5. 导游语言艺术就是导游人员为提高讲解的效果和树立良好的导游形象所表现的驾驭语言的能力和技巧。

6. 导游语言艺术形式是根据语言的不同使用领域、目的和方式来划分的表现式样。在上述三种导游语言艺术形式的分类中，最为普遍的是按使用方式进行的划分，可分为口头语言和体态语言。

7. 导游口头语言的表达方式从用途上分类。

演说型	是突出“演讲”的语言表达形式，主要用于导游演讲比赛。特点是语句整齐，句式一致；音节和谐，有节奏感
介绍型	是突出“说明”的语言表达形式，多用于景物的外形、历史沿革、性能、功用的叙述和游览日程安排的说明。特点是语句随意、平和、通俗易懂
解说型（讲解型）	是突出“解说”的语言表达形式，多用于专有词语的解释、景观蕴含的深奥文化及某种特有技能技巧的解说
描写型	是突出“描绘”或“描述”的语言表达形式。描写的手法和技巧一是使用较多的形容词进行直接描述，二是采用修辞手法进行间接描述

8. 导游的口头语言从表现形式上说，可以分为独白体和对话体两种。

	特点	**运用场合**
独白体	目的性强；逻辑性强；针对性强	致欢迎辞、宣布日程、景点介绍、专题讲解、致欢送辞等
对话体	语言简洁、实用；可随时调整	交谈、回答问题、商量事情

9. 体态语言又称类语言、态势语言、动作语言或人体语言等，是一种以人的动作、表情、姿态、服饰等来传递信息、表达情感的语言。

10. 体态语言的分类。

动态无声语言	微笑、点头、眼神、手势等
静态无声语言	姿势、服饰等
有声体态语言	叹息、咳嗽、掌声等

11. 导游服务中常用的体态语言主要有首语、手势语、目光语、微笑语、姿态语几种。

12. 运用导游语言艺术的基本要求。

准确、适中	准确	语音正确、清晰；遣词造句准确、简洁；内容有根据、正确无误
	适中	语音音量强弱适度；声调、语调有节奏感；语速快慢相宜、适当停顿；语感有分寸
通俗、流畅	通俗	口语短句化；避免冷晦涩词语；考虑文化差异
	流畅	明晰交谈和讲解的内容；运用好逻辑思维；克服不良口语习惯
生动、灵活	生动	恰当运用修辞；适当使用风趣幽默的语言；引用名言名句；辅以体态语言
	灵活	根据游客特征和不同情况灵活运用语言表达方式

导游讲解技能

1. 导游人员要做好导游讲解，除了要注意讲解内容的知识性、真实性、思想性和健康性之外，还要注意导游讲解的方式、方法。

2. 导游讲解的属性。

思想性	即政治倾向性，包括指导思想的倾向和讲解内容的健康
知识性	是导游讲解的基本属性
情感性	导游讲解既是知识的传播，也是情感的交流。一是对景观、事物，二是对游客的情感
艺术性	是指通过形象反映事物、生活，表现思想情感所达到的准确、鲜明、生动的程度以及形式、结构、表现技巧的完美程度

3. 导游讲解应遵循的原则。

客观性原则	一是内容要真实客观；二是艺术创造不能脱离实际
针对性原则	导游讲解要从游客的实际出发，因人而异，有的放矢
灵活性原则	导游讲解要根据讲解时的具体情况随机应变，即因人而异、因时制宜、因地制宜

4. 导游讲解是为有效地传播知识、巧妙地联络感情服务的。导游人员讲解的知识一方面要能为游客所理解，另一方面又能对游客发挥一定的作用。

5. 导游讲解的基本要求。

准确性	准确性是导游讲解的基本要求。事实要准确；道理要透彻；条理要清楚；层次要分明；前后要呼应；逻辑要合理
鲜明性	导游人员在讲解中对人、事、物的态度要分明，观点明确；对讲解内容要突出重点，分清主次
生动性	导游讲解要具有活力，能对游客产生感染作用
多样性	导游讲解在方法、结构和技巧上采用多种形式

6. 导游讲解的方式、方法是导游讲解艺术的具体体现。

导游讲解的方式是指导游人员向游客进行景物介绍所采取的形式。导游讲解主要分为面上讲解、线上讲解、点上讲解和即兴讲解。导游讲解方法是为了加强讲解的力度，增加对游客的感染力和活跃讲解气氛而采用的讲解技巧。

7. 导游讲解的方式可分为陈述式和问答式。

陈述式是按照先后顺序、因果关系，对景物进行的有条有理的讲解形式。从讲解的连续性出发，这种形式的讲解分为系统讲解和分段讲解；从讲解的方式出发，分为直叙、倒叙和夹叙夹议；从讲解内容的详简程度出发，分为简述和详述。

问答式是采用发问和回答进行导游讲解的形式。它一般适用于沿途讲解和同游客交谈。问答式分为“自问自答”“我问客答”“客问我答”三种形式。

8. 陈述式导游讲解方式。

	定义	**适宜场景和景点**
系统讲解	对景点或事物进行的全面讲解。优点是讲解全面，不足是形式单一	比较简单的事物、内容相对单一规模较小的景点、系统性强的展览馆和博物馆
分段讲解	根据景点布局，按照游览线路顺序将景点分成前后衔接的若干部分进行讲解。优点是动静结合、气氛活跃，不足是游客容易分散	范围较大的景区景点、功能划分较细的景区景点
直叙	根据事物的发展逻辑或景观的位置、年代、规模、成因逐步展开和逐步深入	
倒叙	与直叙相反，先讲事物或景观的结论性见解，然后逐步分叙的讲解形式	
夹叙夹议	在直叙的基础上将介绍与议论相结合的讲解形式	

9. 问答式导游讲解方式。

自问自答	导游人员自己提出问题自己回答的讲解形式。运用的关键是提问后适当停顿
我问客答	导游人员提出问题，游客回答的讲解形式。运用的关键是适当引导游客回答
客问我答	由游客提出问题，导游人员进行解答的讲解形式。运用的关键是控制提问范围

10. 常用导游讲解方法。

方法	定义
概述法	对景点的景物布局、特色等基本情况进行轮廓性介绍的方法。这种概述通常包括景点的历史沿革、地理位置、面积、景物布局、主要特色、游览线路、集合地点等
突出重点法	导游讲解中避免事无巨细、面面俱到，而是有主有次，有轻有重，以重点为主的讲解方法。一般要突出大景点中具有代表性的景观；突出景点中新、奇、特的内容；突出游客希望了解和感兴趣的内容；突出“最”字
触景生情法	是一种借景生情、情景结合的讲解方法。目的是营造气氛，激发游客想象力。讲解时，必须使讲解的内容与所见景物保持一致，实现情景交融。触景生情法又称情景法或意境法
由点及面法	由事物的部分引出总体或由一事物引出相关事物的借题发挥的讲解方法
虚实结合法	将典故、故事、传说等与景物介绍有机结合起来的讲解方法。“实”是指景物中的具体实物及其特征、价值以及与景物密切相关的史实等实体。“虚”是指与景物有关的神话传说、民间故事、奇闻逸事等。讲解时要以实为主
设置悬念法	在导游讲解中提出令人感兴趣的话题，但又引而不发，以激起游客的好奇心的讲解方法。设置悬念的方法很多，如问答法、引而不发法、引人入胜法、分段讲解法都可以产生制造悬念的效果
类比法	以熟喻生，达到触类旁通的讲解方法，包括同类相似类比和同类相异类比
画龙点睛法	用精辟的词语概括旅游目的地或游览景点突出特征的讲解方法
巧用数字法	巧用数字来精确地说明事物的历史年代、形体特征、功能大小等方面的一种手段，可以提高导游讲解中知识传递的效果。妙用数字的具体方法有：数字换算、介绍中国传统文化、数字的科学内涵
创新立意法	就是超出导游讲解的一般常规，给景点讲解赋予新意的方法

导游业务相关知识

1. 旅行社知识。

<table>
<tr><td>概念</td><td colspan="2">依法设立并具有法人资格，主要从事招徕、接待旅游者，组织旅游活动，实行独立核算的企业——《旅行社条例》</td></tr>
<tr><td>审批</td><td colspan="2">省/自治区/直辖市旅游行政管理部门/设区的市级旅游行政管理部门——经营国内旅游业务和入境旅游业务的旅行社
国务院旅游行政主管部门/省/自治区/直辖市旅游行政管理部门——出境旅游业务的旅行社
国务院旅游行政主管部门/国务院商务主管部门——外商投资旅行社</td></tr>
<tr><td>业务</td><td colspan="2">经营范围=国内旅游业务+入境旅游业务+出境旅游业务
业务流程=旅游产品开发+旅游服务采购+旅游产品销售+游客接待
具体内容=（交通+住宿+餐饮+观光游览、休闲度假+导游、领队+旅游咨询+委托……）服务</td></tr>
<tr><td rowspan="9">产品形态</td><td>单项服务</td><td>单项计价，主要针对散客或团队中个别游客的特殊要求</td></tr>
<tr><td>团体包价</td><td>10人以上，一次性预付费</td></tr>
<tr><td>散客包价</td><td>9人以下，一次性预付费，服务项目同团体包价</td></tr>
<tr><td>半包价旅游</td><td>全包价基础上扣除午晚餐。降低直观价格，满足个性要求</td></tr>
<tr><td>小包价旅游</td><td>非选部分（接送、住房、早餐、城市交通）+可选部分（导游服务、午餐、晚餐、风味餐、节目、参观）。可预付，也可现付</td></tr>
<tr><td>零包价旅游</td><td>多见于旅游发达国家
必须随团前往和离开目的地，但在目的地完全自由
优势在于团队价机票和统一代办签证</td></tr>
<tr><td>组合旅游</td><td>各地游客汇集至目的地，由旅行社安排活动</td></tr>
<tr><td colspan="2">汇总：旅游产品是一种集物质表象和服务表象于一身的象征性集合产品，虽然由实物和服务综合构成，但在性质上属于服务性产品</td></tr>
</table>

2. 入出境知识。

三关	公安+海关+卫生检疫
（1）有效证件	
不同人群相应证件	国际航班机组人员——执照 国际海员——海员证 邻国边境居民——边民证 华侨——旅行证 港澳同胞——港澳居民来往内地通行证 台湾同胞——台湾居民来往大陆通行证 绝大多数外国旅游者与中国公民——护照及相应签注、签证

护照
一国主管机关发给本国公民出国或在国外居留的证件，证明其国籍和身份
2012年5月15日起，公安机关统一签发电子普通护照，于电子芯片中存储持照人的生物特征
2007年1月1日的《中华人民共和国护照法》规定，我国公民护照以16周岁为界，16周岁以下公民护照有效期5年，16周岁以上护照有效期10年，取消延期。出国旅游团队的护照有效期1年，随旅游团一次出入境有效，在境内外均不得办理延期

种类	使用人员	签发
外交护照	政府高级官员、国会议员、外交和领事官员、负有特殊外交使命的人员、政府代表团成员等	外事部门签发 享受外交礼遇
公务护照	政府一般官员、驻外使领馆官员、公派国外执行文化、经济等任务的人员等	外事部门
普通护照	因公：各级政府、社会团体和国有企业单位人员 因私：因私人事务出国者	公安部门

签证
一国主管机关在本国或外国公民所持护照上或者在其他有效的旅行证件上盖印签注的手续，表示准许其出入或经过该国国境

划分依据	细分类型
一般情况	外交签证、公务签证、普通签证、礼遇签证
出入境情况	出境签证、入境签证、入出境签证、出入境签证、再入境签证、过境签证
出入境事由	移民签证、非移民签证、另纸签证、口岸签证、ADS（被批准的旅游目的地国家）签证等
旅游签证	属于普通签证，在中国为L字签证，9人以上的旅游团队可发给团体签证，一式三份，签发机关1份；入境1份；出境1份

<table>
<tr><td>免办签证</td><td colspan="2">持联程客票搭乘国际航班直接过境，在中国停留不超过24小时不出机场的外国人免办签证。要求临时离开机场的，须经边防检查机关批准</td></tr>
<tr><td>互免签证</td><td colspan="2">随着国际关系和旅游事业的发展，许多国家间签订了互免签证协议</td></tr>
<tr><td>港澳居民来往内地通行证</td><td colspan="2">卡式证件，无须填写入境登记卡，成年人持此证有效期10年，有效期内可多次使用</td></tr>
<tr><td>台湾居民来往大陆通行证</td><td colspan="2">在香港地区可向香港中国旅行社和我国外交部驻香港特派员公署领事部申请
若绕道美国、日本或其他国家来大陆，可在中华人民共和国驻这些国家的使、领馆办理</td></tr>
<tr><td colspan="3">（2）海关手续</td></tr>
<tr><td>出入口岸</td><td colspan="2">外国人、华侨、台湾同胞在指定的对外开放的口岸出入中国
香港同胞持证经深圳
澳门同胞持证经珠海</td></tr>
<tr><td rowspan="2">海关通道</td><td>红色通道</td><td>亦称应税通道、申报通道，海外旅游者一般须经此通道，并事先填写“旅客行李申报单”</td></tr>
<tr><td>绿色通道</td><td>亦称免税通道、无申报通道
持有外交、礼遇签证护照的外国籍人员及海关给予免验礼遇的人员</td></tr>
<tr><td colspan="3">（3）不准入境的几种人
被中国政府驱逐出境，未满不准年限的
被认为入境后可能进行恐怖、暴力、颠覆活动的
被认为入境后可能进行走私、贩毒、卖淫活动的
患有精神病和麻风病、艾滋病、性病、开放性肺结核等传染病的
不能保障其在中国所需费用的
被认为入境后可能进行危害国家安全利益的其他活动的
未持有效护照、证件或签证的
持伪造、涂改或他人护照、证件的
拒绝接受查验证件的
公安部或者国家安全部门通知不准入境的</td></tr>
</table>

3. 航空客运。

（1）民航运输飞行的形式。

主要有班期飞行、加班飞行、包机飞行。

此外还有不定期航班与季节性航班、国际航班与国内航班、去程航班与回程航班。

（2）我国航班号的构成。

①国内航班号 = 两字代码 +4 个阿拉伯数字。

第 1 个数字：航空公司数字代码。

第 2 个数字：该航班终点站所属的管理局或航空公司所在地的数字代码。

第 3 个和第 4 个数字：航班的具体编号。

②国际航班号 = 两字代码 +3 个阿拉伯数字。

（3）国内、国际机票的有效期均为 1 年。

（4）民航发展基金。

2012 年 4 月 1 日起，国内航班每人次需缴纳 50 元民航发展基金，国际航班每人次需缴纳 90 元民航发展基金。

4. 铁路客运。

列车种类	G	高铁列车
	C	城际动车组列车
	D	动车组列车
	Z	直达特快列车
	T	特快旅客列车
	K	快速旅客列车
	1—5XXX	普通旅客快车
	6—9XXX	普通旅客慢车
	L	临客普快列车
	Y	郊游临客快速列车
	JY	郊游旅客列车
车票	成人票	客票（硬座/软座）+附加票（加快票/卧铺票/空调票）
	儿童票	身高1.2—1.5米，半价客票+附加票
		身高1.5米以上，全价票
		可免费携带一名身高低于1.2米的儿童

携带品	成人	20千克
	儿童	10千克
	外交人员	35千克
补票	2012年5月10日起，可在不晚于票面发站停止检票时间前20分钟办理挂失补办手续	
高铁铁路四纵四横	四纵	北京—上海；北京—香港；北京—哈尔滨；杭州—深圳
	四横	青岛—太原；兰州—徐州；南京—成都；杭州—昆明
火车赴港	持香港特别行政区证件，提前90分钟到出入境检查大厅	
火车赴藏	普通旅客	填写“旅客健康登记卡”
	外国人、台胞	出示西藏自治区外事办公室或旅游局、商务厅的批准函，或内地司局级单位证明信

5. 公路客运。

（1）国道：共有70条。

第一类国道：以北京为中心，呈扇面辐射，代码1XX，有12条。

第二类国道：南北向公路，代码2XX，有28条。

第三类国道：东西向公路，代码3XX，有30条。

编号中的第二位、第三位数字表示国道的排列顺序，自正北开始顺时针方向排列的序数。

（2）高速公路。

全部控制出入的干线公路。

必须有辅路；双向四、六、八车道；折合成小客车年平均昼夜交通量为25000辆以上。

（3）一级公路。

部分控制出入；六车道；有或无辅路；折合成小客车年平均昼夜交通量为15000—30000辆。

（4）二级公路。

四车道；折合成小客车年平均昼夜交通量为3000—7500辆。

（5）三级公路。

沟通县以上公路；三车道；折合成小客车年平均昼夜交通量为1000—4000辆。

（6）四级公路。

沟通县、乡镇、村的公路；双或单车道；折合成小客车年平均昼夜交通量为双车道1500辆以下，单车道200辆以下。

（7）我国公路运输中的长途直达班车多属于中级客车。

（8）客车界定。

小型客车：横排座位≤3，座位总数≤15；

中型客车：横排座位≤4，座位总数为16—30；

大型客车：横排座位≥4，座位总数≥31。

6. 水上运输。

截至2020年，全国将形成长江干线、西江航运干线、京杭运河、长江三角洲高等级航道网、珠江三角洲高等级航道网、18条主要干支流高等级航道和28个主要港口的布局。

船票：身高1.1—1.4米的儿童购买半价票；低于1.1米的儿童免票；高于1.4米的儿童应买全价票；持有“革命伤残军人证”的现役军人和退役军人购买半价票。

行李：全价票旅客可随身携带行李30千克；半价票和免票儿童可携带行李15千克。

7. 中国对外汇实行由国家“集中管理、统一经营”的方针。

8. 境外旅游者来华携入的外币和票据金额没有限制，但入境时必须如实申报。

9. 中国公民因私出境旅游，每次可兑换5000美元。

10. 保险类型。

名称	性质
旅行社责任保险	新的、强制性险种，保险期限1年
旅游意外保险	游客自愿购买的短期补偿型险种
航空旅客意外伤害保险	自愿保险的个人意外伤害险，保额一般40万元

11. 保险理赔。

（1）及时报案。

（2）在导游帮助下收集证据，并妥善保存。

（3）转院需取得保险公司同意。

12. 卫生常识。

症状	处理
晕车	饮食不过饱，不过油；坐在车窗位置；闭上眼睛减轻晕车感；束紧腰带减轻恶心感受；准备防晕物品
中暑	送至阴凉通风处；使病人平躺并抬高下肢；放松衣服；冷敷前额、腋下、大腿；饮用含盐饮料；服用防暑药物；静坐或者静卧；按压人中
关节扭伤	冷敷15分钟；切忌按摩揉搓；抬高受伤躯体；指压法止血、加压包扎法止血、止血带法止血；清洗伤口后包扎，但不要在伤口处打结
心绞痛	切忌抬或背患者；平躺休息，头部垫高；不轻易变换体位；精神放松；舌下含硝酸甘油；胸外按压或者人工呼吸
中风	不要摇晃患者；扶住或者仰卧；头偏向一侧；密切注意鼾声；尽量头往后仰；不要进食喂水；速送医院
咬伤	绑住伤口上方以防毒液扩散，但每半小时松开一两分钟；纵向刀片切口；自近心端向远心端从四周向伤口推挤毒血，或吸出毒液

13. 天灾应对。

天灾	应对
泥石流	向高处或成片岩石区跑；不要停留在房屋、电线杆、河沟、树、低洼处；跑动方向与泥石流流向尽量垂直；扔掉影响速度的物品；电话咨询及求助
台风	日程调整；迅速返回；远离海岸；车尽快停到地下车库；收帐篷；门窗贴紧
地震	室内：迅速转移至室外空旷地；寻找结实的家具、墙角、卫生间；软物保护住头部；避开玻璃窗、广告灯箱、高大货架；不要进电梯；不在楼道躲避；不可返回房中取物 室外：空旷场地蹲下；避开高大物体；避开易引发山崩、泥石流、滚石地方；远离水岸；保护好头部
雷电	室内：中央最安全；不要赤脚站在水泥地上；不要洗漱；不接打电话；不靠近窗户 室外：立即停止室外活动；不要待在高凸处；远离金属；旅游者彼此隔开距离；蹲在地上低头看地 雷击后的救援：就地躺下灭火；放宽衣服并人工呼吸；胸外按压；不可随意移动患者；头部宜冷敷；急救不要中断直到恢复呼吸

第二编　章节模拟题集锦

导游服务

一、单项选择题

1. 旅游接待服务中，______服务居于主导地位。

A. 住宿　　B. 餐饮　　C. 导游　　D. 交通

2. 导游人员同旅游者的接触时间最长，对其旅游感受最为了解。利用此优势，导游可以会同旅行社相关部门，改善旅游产品质量，这体现了导游服务的______。

A. 纽带作用　　B. 标志作用　　C. 扩散作用　　D. 反馈作用

3. 导游服务是一种“有偿服务”，这体现了导游服务的______。

A. 社会性　　B. 文化性　　C. 服务性　　D. 经济性

4. 导游人员被誉为“民间外交家”，体现了导游服务的______。

A. 经济性　　B. 社会性　　C. 文化性　　D. 涉外性

5. 关于导游，可以分为导游人员与导游服务两个层面。但不论是从哪个角度来讲，其最根本的内容是______。

A. 行为　　B. 工作　　C. 职业　　D. 服务

6. 导游服务的出发点是______。

A. 接待标准　　B. 满足游客需求

C. 了解游客　　D. 做好接待准备

7. 下列服务类型中，导游人员应向旅游者提供的基本服务是______。

A. 讲解服务　　B. 规范化服务　　C. 超值服务　　D. 个性化服务

8. 导游服务是随着______的出现而产生的。

A. 旅行社　　B. 消遣性旅游活动

C. 大众旅游活动　　D. 工商业

9. 在众多的旅游服务中处于中心地位，起着纽带和桥梁作用的是______。

A. 餐饮服务　　B. 导游服务　　C. 导购服务　　D. 游览服务

10. 一般来说，旅游服务质量当中游客感知最敏感，并且可以弥补其他服务质量的是______。

A. 就餐质量　　B. 景区接待　　C. 住宿服务　　D. 导游服务质量

二、多项选择题

1. 以下属于导游服务的特点是______。

A. 独立性强　　B. 脑体劳动高度结合　　C. 游客需求多样

D. 政策性强　　E. 娱乐化明显

2. 导游服务的性质包括______。

A. 服务性　　B. 文化性　　C. 社会性

D. 经济性　　E. 娱乐性

3. 导游服务的独立性特点具体指的是______。

A. 组织活动独立　　B. 处理问题独立　　C. 绝对独立

D. 相对独立　　E. 人身独立

4. 导游服务是一种复杂、高智能、高技能的服务，有______的特点。

A. 独立性强　　B. 脑体高度结合　　C. 关联度高

D. 客观性　　E. 主导性

5. 导游服务的经济性主要体现在______等方面。

A. 直接创收　　B. 扩大客源，间接创收　　C. 促销商品

D. 促进经济交流　　E. 传播文化

6. 导游服务的发展趋势主要有______。

A. 导游人员的形象化　　B. 导游内容的高知识化

C. 导游手段的科技化　　D. 导游方法的多样化

E. 旅游娱乐色彩愈演愈浓

7. 导游服务的经济性主要体现在______。

A. 为旅行社节省开支　　B. 回笼货币

C. 促销商品　　D. 促进社会发展

E. 导游人员取得薪酬

8. 图文声像导游的方式目前主要分为______等几种。

A. 形象口语　B. 图文导游　C. 声像导游

D. 多媒体导游　E. 旅游宣传片

9. 导游服务范围中的旅行生活服务包括______。

A. 出入境迎送　B. 旅途生活照料　C. 上下站联络

D. 安全服务　E. 市内交通服务

10. 导游工作不仅繁杂，且变化较大，其复杂性主要表现在______等几个方面。

A. 服务对象复杂　B. 游客需求多种多样　C. 面对物质诱惑

D. 人际关系复杂　E. 脑体高度结合的复杂工作

11. 在旅游接待工作中，导游人员提供的服务虽只是其中的一部分，却都是最重要的，归纳起来导游服务大体上可分为______。

A. 导游讲解服务　B. 旅行生活服务　C. 旅游心理服务

D. 市内交通服务　E. 行李寄送服务

12. 现代导游服务方式大致可以分为______等几类。

A. 图文声像导游　B. 体态语言导游　C. 向导服务

D. 散客导游　E. 实地口语导游

13. 针对导游的含义，无论是从导游人员层面上，还是从导游服务层面上，其基本内涵都包括哪些要素？______

A. 以旅游者为特定对象　B. 在旅游活动中进行

C. 以满足游客需求为工作内容　D. 脑力与体力劳动双重付出

E. 导游肩负旅游宣传职责

14. 导游服务在各项旅游服务中的纽带作用具体表现为______等方面。

A. 承上启下　B. 协调左右　C. 落实质量

D. 反馈意见　E. 连接内外

15. 导游服务作用的构成有______。

A. 纽带作用　B. 标志作用　C. 扩散作用

D. 反馈作用　E. 决策作用

16. 满足游客需要的同时，导游人员还应遵循______原则。

A. 宾客至上　　B. 认真落实接待计划　　C. 立足规范化服务

D. 力求个性化服务　　E. 仅以国家标准为准

17. 导游服务所应坚持的社会效益包括______。

A. 树立旅游目的地的良好形象

B. 提高所属旅行社的声誉

C. 提高旅行社收入

D. 增进客源地与目的地的了解和友谊

E. 推进不同国家或地区间的科技、文化交流

18. 关于导游服务质量，描述正确的是______。

A. 能增加游客的满意度

B. 导游服务质量完全决定了整个旅游服务质量的高低

C. 因为导游与游客接触最深，故游客对导游服务质量感知最深切

D. 弥补其他旅游服务质量的欠缺

E. 提高地区旅游业声誉

导游人员

一、单项选择题

1. 旅行社的业务骨干是______。

A. 初级导游　　B. 中级导游　　C. 高级导游　　D. 临时导游

2. 在旅游活动中起主导作用的是______。

A. 领队　　B. 全陪　　C. 地陪　　D. 作业人

3. 旅游接待服务中，______服务居于主导地位。

A. 住宿　　B. 餐饮　　C. 导游　　D. 交通

4. 获初级导游人员资格______年以上，考核考试合格后晋升为中级导游人员。

A. 1　　B. 2　　C. 3　　D. 4　　E. 5

5.______是社会道德与旅游业的特点结合而成的职业行为规范或标准。

A. 社会公德　　B. 爱国主义　　C. 爱岗敬业　　D. 旅游职业道德

6. 礼貌、礼节的核心是______。

A. 关心人　　B. 爱护人　　C. 尊重人　　D. 体贴人

7. 导游人员合理的知识结构应该是______。

A. 博而广　　B. 精而细　　C. 广而精　　D. 专而广　　E. 博而专

9. 根据______的不同，我们可以将导游人员分为领队、全陪、地陪和景区景点导游人员。

A. 技术等级　　B. 使用语言　　C. 职业性质　　D. 业务范围

10. 领队、全陪、地陪分别是______派出的代表。

A. 海外组团社、国内组团社、地方接待社

B. 国内组团社、地方接待社、海外组团社

C. 海外组团社、地方接待社、国内组团社

D. 地方接待社、国内组团社、海外组团社

11.______是导游服务必备的工具，是导游人员进行导游讲解和同游客进行信息传递、文化交流和情感沟通的主要手段。

A. 讲解　　B. 语言　　C. 技能　　D. 技巧　　E. 才艺

12. 导游人员应具备的各项能力中的核心是______能力。

A. 讲解　　B. 记忆　　C. 背诵

D. 语言表达　　E. 组织协调

13.______是检验旅游接待工作、检验导游服务好坏的最终标准。

A. 游客的满意与否　　B. 游客的评价

C. 游客的建议　　D. 游客是否高兴

E. 旅游局的评价

14.______的主要工作既有当地旅游活动的组织协调任务，又有进行导游讲解或翻译的任务。

A. 海外领队　　B. 全程陪同导游人员

C. 地方陪同导游人员　　D. 景点景区导游人员

15. 导游人员做好导游服务工作的前提是______。

A. 有良好的道德品质　　B. 有集体主义精神

C. 热爱自己的工作　　D. 自尊自强

16.______是导游人员道德水准的最终体现。

A. 团结服从、大局不忘　　B. 优质服务、好学向上

C. 热情大度、清洁端庄　　D. 一视同仁、不卑不亢

17.______的培训方法实用性强，有利于提高导游人员的实际工作能力。

A. 课堂讲授　　B. 直观教学

C. 专题研讨　　D. 实践培训

18. 对于导游人员的考核，主要是通过______进行。

A. 考试　　B. 年审

C. 旅行社反馈　　D. 旅游局的评价

19. “结合景物向游客宣讲环境、生态和文物保护知识”是______的职责。

A. 全陪　　B. 地陪

C. 景点景区导游人员　　D. 司机

20. 导游服务的雏形是______。

A. 讲解服务　　B. 司乘服务

C. 向导服务　　D. 陪游服务

二、多项选择题

1. 旅游行政管理部门不得为______人颁发导游证。

A. 无民事行为能力或限制民事行为能力的

B. 曾被吊销导游证的

C. 患有传染性疾病的

D. 有过失犯罪的

E. 受过刑事处罚的

2. 导游人员是指符合上岗资格的法定要求，接受旅行社委派，直接为旅游团提供______的人员。

A. 向导　　B. 讲解　　C. 代购

D. 相关旅游服务　　E. 司乘

3. 游客心目中的导游员应该是______。

A. 游人之师　　B. 游客之友　　C. 领导者

D. 服务员　　E. 国家形象代表

4. 导游服务的三要素是指______。

A. 讲解　　B. 知识　　C. 语言

D. 技能　　E. 导游

5. 一名合格导游人员应该是______和______的完美结合。

A. 优良的品质　　B. 优良的素质　　C. 良好的职业形象

D. 良好的外部形象　　E. 优秀的职业素养

6. 为了保证旅游活动的各个环节能够紧密衔接，旅游接待计划的内容顺利地得到实施，导游人员必须具备较强的______能力。

A. 组织　　B. 讲解　　C. 协调

D. 人际交往　　E. 应变

7. 对于导游人员的仪容、仪表说法正确的是______。

A. 要和自己的年龄身份相匹配

B. 服装款式要符合自身的文化底蕴

C. 容貌端庄是其从业的基本要求

D. 应时刻注意自己的容貌修饰

E. 避免让人用“太”字来品评自己的服饰和打扮

8. 申请领取导游证的条件是______。

A. 取得导游人员资格证书

B. 与旅行社订立劳动合同或在导游服务公司登记注册

C. 没有受过刑事处罚

D. 具有民事行为能力

E. 在旅行社工作

9. 导游人员在日常活动中和游客交往时所应遵循的礼节主要包括______。

A. 清点人数时可以用导游旗来回比画

B. 不得随意进入游客房间

C. 进入电梯时，男士在前

D. 下楼时，男士先下

E. 讲解时不能抽烟

10. 渊博的知识是导游人员的立业之基。导游人员的知识修养包括______。

A. 学风修养　　B. 知识修养　　C. 文化修养

D. 品德修养　　E. 素质修养

11. 导游人员应该养成良好的学习习惯，需要做到______。

A. 讲究学习方法，善于思考　　B. 勤奋好学

C. 坚持不懈　　D. 博览群书　　E. 自我反省

12. 导游人员在带团中应遵循的行为规范有______。

A. 告知游客旅游团的收费细目

B. 带团中如遇重大问题要及时向旅行社请示汇报

C. 以暗示的方式向游客索要小费

D. 不得私自带人随团旅游

E. 提示旅游者遵守文明旅游公约和礼仪

13. 导游人员的考核是指对导游人员的______进行全面考查和审核。

A. 政治思想素质　　B. 身体素质　　C. 能力素质

D. 道德修养素质　　E. 业务素质

14. 下列属于地陪导游人员职责的是______。

A. 实施旅游接待计划　　B. 安排旅游活动　　C. 做好接待工作

D. 导游讲解　　E. 宣传调研

15. 只有将______有效地结合起来，才能实现导游讲解水平的提升。

A. 良好的语言表达技能

B. 扎实的语言功底

C. 熟知所讲解的景区、景点的各方面情况

D. 较高的购物促销能力

E. 运用一些讲解技巧

旅游团队导游服务程序与服务质量

一、单项选择题

1. 旅游团抵达饭店后，一般由______分发房卡。

A. 领队 B. 全陪 C. 地陪 D. 大堂经理 E. 司机

2. 带领团队参观游览服务中，出发前地陪应提前______分钟到达集合地点。

A. 10 B. 15 C. 20 D. 25 E.30

3. 地陪在送团时，等旅游团______后，地陪方可离开。

A. 抵达候机厅 B. 通过安检 C. 进入隔离区 D. 到达停车场

4. 中国海关规定每位出国旅游人员可携带人民币______元，可兑换美元______元。

A. 2000 500 B. 20000 500 C. 2000 5000 D. 20000 5000

5.______是地陪了解旅游团基本情况和安排地方活动日程的主要依据。

A. 接团日志 B. 接待计划 C. 旅游行程 D. 旅行社排团单

6. 在带团出境旅游时，______最好将客人的护照、签证集中保管。

A. 地陪 B. 全陪 C. 领队 D. 旅行社

7.______要做好旅游线路上各站间，特别是上下站之间的联络工作。

A. 领队 B. 地陪 C. 景点导游员 D. 全陪

8. 参观游览开始，旅游团队在由饭店前往景点的途中，地陪首先应该介绍的是______。

A. 风光导游 B. 当日新闻 C. 当日活动安排 D. 所参观景点特色

9.______要做好旅游目的地的讲解工作。

A. 领队 B. 地陪 C. 司机 D. 全陪

10. 领队在出团前要检查全团的卫生检疫证明，即俗称的______。

A. 黄皮书 B. 白皮书 C. 蓝皮书 D. 检疫证

11. 全陪应提前______到达接站地点与地陪一起迎候旅行团。

A. 20 分钟 B. 30 分钟 C. 40 分钟 D.50 分钟

12. 地陪导游服务程序开始于______。

A. 在机场或车站接到旅游团

B. 开始进行服务准备

C. 落实相关接待事宜

D. 接受接待社下达的旅游团接待任务

13. 当旅游者提出涉及接待规格的特殊要求时，地陪应______。

A. 耐心解释　　B. 满足要求，费用自理

C. 婉言拒绝　　D. 协商解决

14. 商定叫早时间后，______应将叫早时间通知饭店总台或楼层服务台。

A. 全陪　　B. 地陪　　C. 领队　　D. 服务员

15. 首站接团时，全陪应与地陪提前______到达接站地点迎候旅游团。

A. 10 分钟　　B. 20 分钟　　C. 30 分钟　　D. 40 分钟

16. 地陪在带团中，对于是从本地离境的旅游团，应提醒或协助领队提前______小时确认机票。

A. 12　　B. 24　　C. 48　　D. 72

17. 地陪在带领旅游团参观游览时，______是导游服务的主体内容。

A. 生活服务　　B 导游讲解　　C 维护安全　　D 避免麻烦

18. 出境领队在带领旅游团办理中国出境手续时，应让需要在海关申报的游客持护照、签证由______进关。

A. 绿色通道　　B. 蓝色通道　　C. 红色通道　　D. 黄色通道

19. 全陪在带团时，如对当地工作有意见和建议，要诚恳提出，必要时要______。

A. 终止旅游活动　　B. 向领导汇报　　C. 向组团社汇报　　D. 向地接社汇报

20. 在旅游团中商定日程并宣布日程是______的职权。

A. 全陪　　B. 地陪　　C. 领队　　D. 景区景点导游

二. 多项选择题

1. 地陪在带团旅游时，对于不熟悉的景点，导游人员应了解其______

A. 占地面积　　B. 开放时间　　C. 最佳游览路线

D. 公共卫生间的位置　　E. 停车场位置

2. 一来自法国的旅游团在中国境内旅游，其路线为上海—广东—北京，广东的地陪

接上团队前往酒店的路上，应该______。

A. 致欢迎辞　　B. 调整时间　　C. 首次沿途导游

D. 宣布当日或次日的活动安排　　E. 分发房卡

3. 领队或全陪手中的旅行计划与地陪的接待计划有部分出入时，地陪应该______。

A. 查明原因，分清责任　　B. 说明情况，赔礼道歉

C. 调整行程计划　　D. 及时报告接待社

E. 按原计划执行

4. 地陪在同领队核对和商定日程时，如发现领队的旅行计划与地陪的接待计划有部分出入，地陪应持的态度是______。

A. 对合理而可能满足的出入部分尽力予以安排

B. 对无法满足的出入部分进行解释，耐心说服

C. 及时报告接待旅行社，查明原因

D. 如果是接待方的责任，则实事求是地说明情况

E. 按领队说的做

5. 景区景点导游服务主要包括______。

A. 服务准备　　B. 导游讲解　　C. 接站服务

D. 参观游览服务　　E. 送别服务

6.《全陪日志》的内容主要包括______等几个方面。

A. 旅游团的基本情况　　B. 交通情况

C. 各地接待质量　　D. 发生的问题及处理经过

E. 向游客讲解的内容

7. 旅游团用餐时，地陪的服务应包括______。

A. 简单介绍饭厅及其菜肴的特色

B. 引导旅游者入座，介绍餐厅设施

C. 向旅游者说明酒水类别

D. 解答旅游者用餐中的疑问

E. 介绍本地特色旅游商品

8. 地方导游员在带团前应该落实好旅行车辆，应______。

A. 与旅游汽车公司联系　　B. 确认所使用车的车型

C. 确认车牌号和司机姓名　　D. 核对日程安排

E. 司机有无要求

9. 以下属于领队召开出国前说明会内容的是______。

A. 旅游行程说明　　B. 准备境外住房分配名单

C. 协助团员托运行李　　D. 介绍旅游目的地概况

E. 介绍全陪

10. 地陪在带团过程中清点、交接行李时，应有______在场。

A. 全陪　B. 地陪　C. 领队　D. 行李员　E. 楼层服务员

11. 地陪首次沿途导游的主要内容有______。

A. 风情介绍　B. 介绍客人下榻饭店　C. 风光导游

D. 调整时差　E. 安排住宿

12. 旅游团用餐时，地陪的服务应包括______。

A. 简单介绍饭厅及其菜肴的特色

B. 引导旅游者入座，介绍餐厅设施

C. 向旅游者说明酒水类别

D. 解答旅游者用餐中的疑问

E. 在餐桌旁观察游客用餐情况

13. 在游客购物时，地陪要向全团讲清______等内容。

A. 是否为旅游定点商店　B. 购物停留时间

C. 介绍本地商品特色　D. 购物的有关注意事项　E. 商品的价格

14. 在旅游团结束旅游活动即将离开本站前，地陪应根据导游服务规范做好______等送行前的工作。

A. 核实交通票据

B. 及时归还证件

C. 检查即将托运的行李是否上锁，捆扎牢固

D. 协助饭店结清与旅游者的有关账目

E. 商定叫早和早餐时间

15. 地陪所致欢送辞的内容主要包括______。

A. 回顾旅游活动，感谢合作　B. 表达友谊和惜别之情

C. 征求意见和建议　D. 表示提供服务的愿望

E. 表达为游客提供服务的诚挚愿望

散客旅游服务

一、单项选择题

1. 导游人员必须在送站前______小时与散客确认送站事宜。

A. 3　B. 12　C. 24　D. 36

2. 个人、家庭或亲朋好友一起不使用旅行社的服务而自定行程、自主安排各项旅游事宜的旅游活动是指______。

A. 自主旅游　B. 全自助旅游

C. 半自助旅游　D. 散客团旅游

3. 对于个体散客，导游人员一般采用______形式进行讲解 。

A. 对话　B. 询问　C. 访谈　D. 自问自答

4. 散客旅游的人数一般是______人以下。

A. 6　B. 7　C. 8　D. 9

5. 导游人员在送散客到机场时，应提前______到达客人下榻酒店。

A. 60 分钟　B. 30 分钟

C. 40 分钟　D. 20 分钟

二、多项选择题

1. 散客自助游的特点，主要包括______。

A. 人数较少，规模较小　B. 自主性强　C. 游客不需为交通票奔波

D. 自由度大　E. 在旅游旺季，常常为大团

2. 导游人员在接待自驾车散客旅游团时，等候迎接服务的主要内容有______。

A. 向导服务　B. 讲解服务　C. 安全服务

D. 生活提醒服务　　E. 维修服务

3. 接待组合旅游团时，对于导游服务的要求包括______。

A. 游览方式和导游讲解上应更多征求游客的意见

B. 弄清所接送客人是乘专车还是与其他客人合乘一辆车

C. 导游人员应反复提醒游客注意安全和集合时间、地点

D. 送行前一天与游客联系

E. 与游客一一约定好接送时间，驱车到他们各自下榻的饭店接送

4. 散客旅游是______的旅游形式。

A. 游客自行安排旅游行程　　B. 旅行社预定行程

C. 零星现付各项费用　　D. 预付旅游费用　　E. 统一支付各项费用

5. 导游人员在向散客提供旅游服务时，将所接散客送至饭店后的服务内容包括______。

A. 联系交通工具　　B. 帮助办理住店手续

C. 确认日程安排　　D. 推销旅游服务项目　　E. 确认机票

旅游故障的预防与处理

一、单项选择题

1. 某旅游团入住北京酒店后，游客发现其行李丢失，此时导游人员应该______。

A. 立即报告组团社　　B. 追究游客的责任

C. 立即报告有关部门　　D. 高度重视并负责查找

2. 游客患一般疾病时，导游人员应该______。

A. 向团队其他游客找药　　B. 将自己的药给游客服用

C. 不去过问，游客会自己解决　　D. 劝其及早就医并多休息

3. 为了保证游客在火灾发生时安全疏散，导游人员应该牢记火警电话______。

A. 110　　B. 112　　C. 119　　D. 120

4. 某旅游团在前往壶口瀑布的路上发生了交通事故，游客有不同程度受伤，此时导游人员首先应该______。

A. 保护现场　　B. 立即报案　　C. 组织抢救　　D. 向旅行社报告

5. 某美旅华团在华旅游期间，游客突患重病，其住院及医疗费用一般应由______。

A. 领队代付　　B. 患者自理　　C. 接待社付　　D. 组团社付

6. 地陪小董受旅行社委派到火车站接某旅行团，小董按预定的车次提前半小时抵达火车站却没有接到该旅行团，这种情况属于______。

A. 错接　　B. 空接　　C. 漏接　　D. 正常

7. 台湾同胞在大陆丢失台湾同胞旅行证明，可向遗失地的户口管理部门报失，核实后发给一次性有效的______。

A. 台湾同胞回乡证　　B. 台湾同胞旅行证明

C. 台湾同胞回乡证遗失证明　　D. 入出境通行证

8. 游客在自由活动中走失时，地陪首先应该______。

A. 通报管区的公安局、派出所和交通部门，让其帮助寻找

B. 发动所有游客帮助寻找

C. 立即报告旅行社

D. 了解情况，请领队、全陪帮助寻找，自己带领其他游客继续游览

9. 当同一旅游团中有一定数量的游客出现腹痛、腹泻时，应视作食物中毒，地陪除要参与救护外，还应重点通知医院______。

A. 做好后期护理工作

B. 查找病因，开具证明，以便索赔

C. 让游客留院观察 1 天以上，防止复发

D. 组织专家会诊，防止误诊

10. 在游览泰山风景区时，团员李先生走失，地陪小王正确的寻找方法是______。

A. 请领队、全陪分头寻找　　B. 因为路线熟悉，小王去找

C. 小王与领队分头寻找　　D. 全团游客分头寻找

11. 若有歹徒向游客行凶、抢劫财物时，在场的导游人员应立即______。

A. 挺身而出，保护游客　　B. 组织游客一起与歹徒搏斗

C. 报告旅行社　　D. 报警

12. 下列关于旅游事故的特点说法正确的是______。

A. 旅游事故的发生只会损害游客的利益，对旅行社没有影响

B. 旅游事故发生后，导游人员会感到比较棘手难办

C. 大多数旅游事故的发生都在导游人员的意料之中

D. 旅游事故产生的恶劣影响是不可逆转的

13. 旅游活动中，游客入住的酒店突然发生火灾事故，导游人员做法中不正确的是______。

A. 快速从电梯疏散游客　　　　B. 用湿衣物捂住口鼻

C. 立即拨打火警 119　　　　D. 必须穿过浓烟，贴近地面顺墙爬行

14. 游客在乘车前往旅游景点的途中突然患病，导游人员应______。

A. 在征得患者、患者亲友和领导同意后送往医院

B. 立即将患病游客送往就近医院治疗

C. 必须立即终止旅游活动，向旅行社请求协助

D. 如需做手术，须征得患者亲属的同意，如亲属不在，可代为签字

15. 下列旅游事故中最常见且频繁发生的是______。

A. 安全性旅游事故　　　　B. 技术性旅游事故

C. 责任旅游事故　　　　D. 非责任旅游事故

16. 一位华侨回国旅游时不慎丢失护照，导游人员应协助其补办证件，正确的做法是______。

A. 由地接社开具遗失证明

B. 到当地公安机关开具遗失证明

C. 到华侨居住国驻华使馆补办新护照

D. 到当地公安机关办理入境签证手续

17. 旅游团抵达一站后没有导游人员迎接的现象称为______。

A. 错接　　B. 漏接　　C. 空接　　D. 误接

18. 下列事故中属于重大事故的是______。

A. 空接　　B. 误机　　C. 漏接　　D. 错接

19. 预防旅游者走失的正确方法是______。

A. 导游员每 5 分钟点一下人数

B. 不要带领大家到大型复杂的旅游景点

C. 导游员要做好提醒工作，密切注意周边环境

D. 预防旅游者走失是领队和全陪的事情

20. 交通事故的报警电话是______。

A. 114 B. 119 C. 122 D. 110

21. 旅游途中游客突然晕倒昏厥时，导游人员不正确的做法是______。

A. 轻拍患者并大声呼唤使其清醒

B. 马上将患者抬至安全的地方急救

C. 采取人工呼吸进行急救

D. 采取心脏按压的方法急救

22. 地陪小杜在飞机场接待来自香港的旅游团，谁知在集合时一位游客的行李没有找到，此时小杜首先应______。

A. 请领队帮助查找，自己带领团队先回市区住宿

B. 带失主到机场失物登记处办理行李丢失和认领手续

C. 给旅行社相关人员打电话，请求帮助

D. 安慰失主，帮助购买生活用品

23. 送离境团，导游人员应带领旅游团提前______分钟抵达送站机场。

A. 30 B. 60 C. 90 D. 120

24. 如果有登山或登高项目，或需要较长时间的步行，导游人员应在______通知游客。

A. 前一天 B. 前两天

C. 旅游当天出发前 D. 接团时

25. 在旅游活动中，导游人员要始终和游客在一起，注意观察周围的环境和动向，经常______。

A. 清点旅客人数 B. 提醒注意安全

C. 做好安抚工作 D. 稳定游客情绪

26. 旅途中，护照、签证一般应由______保管。

A. 全陪 B. 地陪 C. 领队 D. 游客

27. 在旅游过程中，旅游团（游客）提出变更计划或活动日程的要求时，导游人员原

则上______。

A. 同意游客要求　　B. 拒绝游客要求

C. 按合同执行　　D. 不按合同执行

28. 为避免交通事故的发生，导游人员错误的做法是______。

A. 如遇司机酒后驾车应严肃批评，下不为例

B. 密切注意周围环境

C. 安排活动日程在时间上留有余地

D. 时刻做好安全提醒工作

29. 对由于主观原因引发的旅游团漏接，说法错误的一项是______。

A. 导游人员搞错了接站地点　　B. 举牌接站的地点选择不当

C. 导游人员未阅读团队的变更通知　　D. 交通堵塞未能按时赶到

30. 旅游期间，对游客丢失身份证情况的处理，应______。

A. 先到当地公安局报失，再由旅行社开具证明，机场安检人员核准放行

B. 先由当地旅行社核实后开具证明，再到公安局报失，经核实后开具身份证明

C. 先报告机场安检部门并报失，再到公安局补办临时身份证

D. 先由当地旅行社核实后开具证明，再到丢失地的公安局办理新的身份证

二、多项选择题

1. 发生旅游事故，在抢救重病游客时，其救治方案只有经过______签字同意方后可实施。

A. 患者本人　　B. 领队　　C. 地陪　　D. 患者亲属　　E. 患者亲友

2. 导游人员突然接到“计划变更通知”，立即赶到车站去迎接一个旅游团，当他抵达车站时，该团已在车站外等候多时，因遭到如此冷遇，客人非常不高兴，导游人员下列做法正确的是______。

A. 导游人员应及时报告旅行社，查明原因

B. 耐心解释，以表示不是自己的原因造成，希望得到客人的谅解

C. 重新制订接待计划

D. 必要时酌情给游客一定的物质补偿

E. 务必情旅行社领导出面解释，消除游客的误会

3. 漏接的预防对于初为导游的人员来说十分重要，漏接的预防由______组成。

A. 认真阅读接待计划　　B. 落实好车辆

C. 核实交通工具到达的准确时间　　D. 提前40分钟抵达接站点

E. 旅游团抵达当天应核实团队的抵达是否有变更

4. 某旅游团因特殊原因在成都市多逗留了大半天，导致该团推迟离开，在这种情况下，全陪和地方接待社应______。

A. 报告旅行社

B. 重新落实用餐、用车、用房的安排

C. 活动日程按照合同约定不可更改

D. 通知下一站接待旅行社

E. 重新落实旅游团离开当地的机（车）票

5. 为预防旅游者患病，导游人员应该______。

A. 了解旅游团成员的健康状况　　B. 减少旅游项目及时间

C. 日程安排要留有余地　　D. 做好提醒预报工作

E. 用餐时发现食品变质应立即报告接待社，妥善处理

6. 导游人员造成漏接的主观原因有______。

A. 未按预定时间提前到达接站地点　　B. 交通堵塞或意外事故的发生

C. 旅游者换乘其他航班　　D. 工作疏忽搞错接站地点

E. 接站地点选择不当与旅游团错过

7. 某海外游客一贵重相机被盗，导游人员应______。

A. 立即向公安机关报案

B. 立即向保险公司报案

C. 安慰失主

D. 到旅行社开具遗失证明书，以便出关查询或向保险公司索赔

E. 视情节，必要时报告旅行社

8. 两个旅游团在山西旅游期间，在同一机场接机时，某旅行社的两个导游人员发生了错接事故，但这两位导游人员中有一名是地陪兼全陪，遇到这种情况，两个导游人员应______。

A. 报告旅行社　　B. 将错就错　　C. 交换团队

D. 交换接待计划即可　　E. 向游客实事求是地说明情况

9. 导游人员在接待过程中，为了防止治安事故的发生，应采取的有效措施______。

A. 入住饭店时，建议游客将贵重物品寄存饭店保险柜

B. 提醒游客不要让陌生人进入房间，出入房间锁好门

C. 提醒游客与私人兑换外币时应小心谨慎

D. 提醒游客不要将证件留在旅游车上

E. 尽量不要安排自由活动，以防发生意外

10. 为防止食物中毒事故的发生，导游人员应______。

A. 在旅游定点餐厅就餐

B. 若就餐时发现食物变质，应立即向旅行社领导汇报

C. 提醒游客在小摊上购买食物应注意是否有卫生许可证

D. 提醒游客不要采摘景区内的野果食用

E. 用餐时如果发现食物变质，应立即带领游客更换餐厅就餐

旅游者个别要求的处理

一、单项选择题

1. 某湖南旅游团游客购买平遥推光漆器，回到住宿酒店后发现比团队中其他游客购买的价格高出很多，于是要求导游人员帮其退换，导游人员应______。

A. 积极协助　　B. 劝阻游客　　C. 说明情况　　D. 耐心解释

2. 外国游客请求导游人员帮助联系会见亲友或同行时，导游人员一般______。

A. 不参加会见，没有担当翻译的义务

B. 参加会见，没有担当翻译的义务

C. 不参见会见，担当司机的义务

D. 参加会见，担当翻译的义务

3. 某旅游团队提出换餐，要求将便餐换成风味餐，此要求在用餐前______小时提出，

地陪应尽量予以解决。

A. 1　　B. 2　　C. 3　　D. 4

4. 一游客看中住宿酒店客房内配置的床头灯，告诉地陪愿付钱购买，地陪正确的做法是______。

A. 协助其与楼层服务员联系

B. 告诉其与酒店前台联系

C. 告诉其与全陪或领队联系

D. 协助其与酒店相关部门联系

5. 某入境旅游团游客，结束了在我国的旅游行程后，离签证有效期还有三天，游客提出需要在中国再延长一周的旅游活动，并愿意立即缴纳旅游费用和相关的服务费用，此时导游人员通常的做法是______。

A. 原则上应予以婉拒　　B. 一般可满足其要求

C. 接受但要加收紧急通信费　　D. 不接受，因其影响全团出境

6. 旅游团中某位旅游者希望带其在华亲友的孩子随团活动，导游人员应该______。

A. 婉言拒绝　　B. 表示同意

C. 首先征得领队及旅游团其他成员同意　　D. 首先向领导汇报

7. 在旅游过程中，游客提出变更接待计划或活动日程的要求时，导游人员原则上______。

A. 同意游客要求　　B. 拒绝游客要求

C. 按合同执行　　D. 不按合同执行

8. 某旅行团在临近用餐时，其中一游客坚持要求换餐，此时，导游人员应______。

A. 同餐厅联系，予以安排　　B. 征求领队意见后酌定

C. 建议自行点菜，餐费自理　　D. 不予接受，耐心解释

9. 导游人员在做好旅行社接待计划规定的各项服务的同时，针对旅游者个别要求而提供的服务叫______。

A. 延伸服务　　B. 个性化服务　　C. 情感服务　　D. 超常服务

10. 外国旅游者盛情邀请地陪导游参加使、领馆举行的晚宴，地陪应______。

A. 婉言谢绝　　B. 先请示领导，批准后方可前往

C. 尽量回避　　　　　　D. 可以参加，但要适度

11. 某旅行社入住某市的某饭店，有一位客人在他的房间里发现了臭虫，要求更换房间，此时地陪的正确做法是______。

A. 这是饭店的问题，让客人自己找饭店解决

B. 说服客人，明天就要走了，将就一个晚上

C. 报告旅行社，请领导解决

D. 房间不达标准，地陪出面请饭店予以换房

12. 旅游团中一对夫妇坚持单独用餐，地陪可以同意，但应当告诉他们其餐费由______。

A. 领队支付

B. 组团社支付

C. 游客自理

D. 游客自理但综合服务费中的餐费以后再按规定退还

13. 如果没有特殊原因，地陪为旅游团办理退房手续一般应在______。

A. 早上 8 点前　　B. 中午 12 点前　　C. 下午 4 点前　　D. 下午 2 点前

14. 游客要求转递贵重物品时，导游人员首先要______。

A. 调查是否应纳税　　B. 请游客写委托书　　C. 婉言拒绝　　D. 满口答应

15. 某旅游团游客与同房游客闹矛盾要求改住单间，但时值旅游旺季，酒店无空房，导游人员应______。

A. 请领队调解　　　　B. 让游客自行调配

C. 予以满足，但费用自理　　D. 请饭店调配

16. 在以下______情况时，导游人员可以满足游客自由活动的要求。

A. 在本地旅游期间，游客要求不随团游览市容而在下榻饭店休息

B. 在飞机场候机时，游客要求到附近的百货商场购买土特产

C. 游客要求不随团离开本市，自行前往下一站与旅游团会合

D. 在黄山旅游期间，游客要求夜间登山赏月

17. 若遇到旅游者提出无理的中途退团的要求时，导游人员应耐心解释，旅游者若坚持己见，则______。

A. 不予答应

B. 请领队处理

C. 报告旅行社，让旅行社处理

D. 可满足其要求，但告知未享受的综合服务费不予退还

18. 到达游览点后，个别游客希望不按规定的线路游览而是自己去摄影时，导游人员的正确做法是______。

A. 耐心解释，不接受其请求

B. 提醒其结伴而行

C. 若游人不多、秩序不乱，可满足其要求

D. 要请示旅行社后决定

19. 旅游团要求外出自费品尝风味，导游人员应______。

A. 一般不应答应

B. 请领队协助，加以劝阻

C. 可以满足，让游客自行与餐厅联系

D. 予以协助，与有关餐厅联系订餐

20. 在青岛海边自由活动时，有游客提出希望在非游泳区游泳，导游人员对此______。

A. 绝不能答应

B. 同意，但提出要准时回团队集中

C. 协助，并提供帮助

D. 请示旅行社有关部门

21. 旅游团抵达饭店后，有的游客由于宗教信仰、生活习惯、身体状况等原因，提出饮食方面的特殊要求，导游人员应______。

A. 按协议办　　B. 尽可能满足　　C. 给予满足　　D. 予以婉拒

22. 旅游团队即将离开本地时，游客提出要外出购物，导游人员应______。

A. 尽量劝阻　　B. 予以帮助　　C. 当好参谋　　D. 让客人自己决定

23. 游客请导游转交给亲戚一盒平遥牛肉，导游人员应______。

A. 积极予以协助　　B. 婉言拒绝

C. 请游客写委托书　　D. 请示旅行社

24. 某旅行团在早餐后提出午餐时将中餐换为西餐，导游员应______。

A. 不予接受，耐心解释　　B. 征求领队意见后酌定

C. 建议自行点菜，餐费自理　　D. 同餐厅联系，尽量予以安排

25. 游客因生活习惯要求推迟晚餐时间，导游人员应______。

A. 满足其要求　　B. 请其与酒店联系

C. 耐心解释，尽量满足　　D. 拒绝其要求

26. 下列情况中，当游客提出换房，导游人员应立即满足其要求的是______。

A. 客房朝北光线不好　　B. 客房有异味

C. 在客房内发现蟑螂　　D. 要求住单人间

27. 旅游者因身体不适要求在客房内用餐时，导游人员应______。

A. 请旅游者自己解决　　B. 请其他旅游者帮助解决

C. 请领队帮助解决　　D. 主动将饭菜端进客房

28. 导游服务的基本原则是______。

A. 努力满足需要　　B. 认真倾听，耐心解释

C. 微笑对待　　D. 尊重游客，不卑不亢

29. 导游人员服务中，与人交往的基本功是______。

A. 努力满足需要　　B. 认真倾听，耐心解释

C. 尊重游客，不卑不亢　　D. 服务至上

30. 当游客提出种种要求时，导游人员应本着______的原则，视具体情况妥善处理。

A. 游客至上　　B. 合理而可能

C. 利润第一　　D. 多一事不如少一事

二、多项选择题

1. 游客购物后发现是残次品，计价有误或对物品不满意，要求导游人员帮其退换时，导游人员应______。

A. 积极协助，必须陪同前往退换　　B. 不得敷衍搪塞　　C. 不得推脱不管

D. 耐心解释　　E. 报告旅行社

2. 有些旅游者出于某种心态，对导游人员的工作横加指责，过分挑剔时，导游人员应______。

A. 认真倾听　　B. 耐心解释　　C. 微笑对待

D. 针锋相对　　E. 请领队主持公道

3. 在旅游目的地自由活动时，游客要求单独外出购物，导游人员应______。

A. 予以协助，当好参谋　　B. 尽量劝阻

C. 必要时可陪同购物　　D. 向领导汇报

E. 告知旅游车司机为客人提供车辆服务

4. 某旅游团在返回太原途中，一位游客提出想返回平遥购买仿古家具，这时导游人员应______。

A. 旅游车立即掉头返回平遥

B. 劝说旅游者下次再买

C. 时间许可，让游客租车返回购买

D. 导游人员可以陪同前往

E. 婉言拒绝

5. 海外游客希望购买古玩或仿古艺术品时，导游人员应______。

A. 带游客在地摊上购买

B. 带游客到文物商店购买

C. 提醒游客不要将文物上的火漆印去掉

D. 提醒游客保存发票

E. 帮助游客鉴别真伪

6. 旅行社已经安排观赏文艺演出后，游客要求观看另一演出时，导游人员应______。

A. 立即更改计划，满足游客要求

B. 时间许可，尽量调换

C. 无法调换时，耐心解释

D. 若游客坚持，告知费用自理

E. 立即告知计划不可随意更改，请游客谅解

7. 以下关于导游人员对游客用餐方面个别要求的处理中，正确的是______。

A. 旅游团在接近用餐时提出换餐，应尽量满足，但差价自理

B. 游客在抵达后提出特殊饮食要求，应婉言拒绝

C. 健康的游客要求在客房用餐，可满足，但服务费自理

D. 游客要求外出自费品尝风味，应予以协助

E. 生病游客要求客房内用餐可免费提供送餐服务

8. 某外国旅游者因个别要求得不到满足而执意要求提前退团，导游人员应______。

A. 设法弥补，耐心解释

B. 因需办理分离签证手续，原则上应予拒绝

C. 满足其要求，但明确告知未享受的综合服务费不予退还

D. 协助重订航班、机座，但所需费用由旅游者自理

E. 因离团手续复杂，原则上应拒绝客人的此类要求

9. 外国游客因伤、病需要延长在中国的居留时间，导游人员应该______。

A. 办理有关手续

B. 前往医院探视

C. 帮助解决伤病者及其家属在生活上的困难

D. 满足游客的所有要求

E. 如签证到期，应劝其回国继续治疗

10. 对老年旅游者，导游人员应做到______。

A. 适当放慢行进速度

B. 讲解放慢语速

C. 游览中的注意事项应多次反复告知

D. 紧凑安排活动项目，留出时间休息调整

E. 提醒司机将旅游车停放在平坦的地方

导游带团技能

一、单项选择题

1. 导游人员带好团的必要前提是必须具有强烈的______。

A. 协作意识　　B. 质量意识　　C. 服务意识　　D. 公关意识

2.______是导游人员带好团的必要条件。

A. 模范地遵守时间　　B. 树立协作意识

C. 维护游客的安全　　D. 维护游客的利益

3. 保持旅游团活动的______，有利于导游人员有效地实施旅游接待计划，也有助于减少对游客的不安全因素，提高安全度。

A. 团结性　　B. 完整性　　C. 差异性　　D. 整体性

4. 当导游与游客之间发生意见和分歧时，应通过______及时予以排除，尽力避免双方矛盾尖锐化。

A. 上报组团社　　B. 向接待社汇报

C. 有效的沟通　　D. 有效的弥补工作

5. 导游人员在调解游客情绪时，针对游客某方面需要未得到满足所引起的情绪变化，应采用相应的补偿措施是指______。

A. 转移法　　B. 分析法　　C. 冷却法　　D. 补偿法

二、多项选择题

1. 导游人员带团的特点主要有______。

A. 契约性　　B. 持久性　　C. 整体性

D. 差异性　　E. 原则性

2. 导游带团除了要坚持导游服务的基本原则之外，就带好旅游团而言，还应遵循______的原则。

A. 合理安排　　B. 引导和调控相结合

C. 确保旅游行程计划顺利实施　　D. 引导和讲解结合

E. 集中与分散结合

3. 导游人员要同旅游团之间实现友好交往、相互配合的目的，就必须全盘考虑到______，并予以认真对待。

A. 物理因素　　B. 信息沟通因素　　C. 形象因素

D. 情感因素　　E. 政治因素

4. 交谈是导游人员与游客交往的主要环节，交谈的内容包括______。

A. 熟悉人名　　B. 了解年龄　　C. 话题　　D. 倾听　　E. 提问

5. 在观察游客情绪、判断游客的心理状态时，导游人员可以从______等方面着手。

A. 面部表情　B. 说话的声调　C. 说话时的语速

D. 姿态　E. 体态

6. 在导游带团过程中，由于自身工作的失误引起游客的不悦或抱怨，向游客道歉时可采用______等方法。

A. 运用口头语言　B. 运用态势语言　C. 予以补偿

D. 置之不理　E. 请领导出面

7. 导游人员与领队之间的合作关系是建立在______上的。

A. 服务对象相同　B. 服务目标相同　C. 服务基本指导原则相同

D. 服务基本程序相同　E. 服务的效果相同

8. 导游人员在带团中要主动争取领队的配合，并在工作中讲究策略，注意方式和方法，主要方法有______。

A. 带团中都听领队的　B. 多同领队协商　C. 多给领队"面子"

D. 支持领队工作　E. 请领队配合自己工作

9. 导游人员作为旅行社的代表，在接待游客的问题上，同相关旅游接待单位之间是一种互利互补的关系，具体表现为______。

A. 共同的联系纽带　B. 根本利益一致　C. 根本利益不同

D. 导游依靠其他相关接待单位　E. 现实利益的相互依赖

10. 导游人员在旅游接待服务中居于主导地位，因此，在与司机的关系中，导游人员应主动加强与司机的合作，需做到______。

A. 尊重司机的劳动　B. 做好沟通工作　C. 协助司机做好安全行车工作

D. 让司机听自己的话　E. 互相补台

导游语言技能

一、单项选择题

1. 导游语言与其他几种语言相比，具有其自身的特点，概括起来主要是______。

A. “宽”“活”“亮”　　B. “宽”“活”“美”

C. “广”“活”“美”　　D. “宽”“松”“美”

2. 语言比较简洁，有时只需片言只语，有时句子不一定符合语法，也可达到相互沟通的目的。这是导游口头语中______的特点。

A. 独白式　　B. 交谈式　　C. 对话式　　D. 讨论式

3.______是将相反的事物并列，以形成鲜明对比的修辞手法。

A. 比喻　　B. 比拟　　C. 夸张　　D. 映衬

4.______是对文字语句进行的修饰，可以使语言表达更为准确、鲜明和生动。

A. 造句　　B. 修辞　　C. 隐喻　　D. 比拟

5. 导游讲解的语言中，______体现了导游语言的知识性和科学性。

A. 言之有物、言之有据　　B. 言之有理、言之有物

C. 言之有神、言之有趣　　D. 言之有理、言之有据

二、多项选择题

1. 独白式是指导游人员讲、游客听的语言传递方式，其特点主要表现在______。

A. 逻辑性强　　B. 目的性强　　C. 多样性强

D. 针对性强　　E. 创造性强

2. 导游人员在同游客交谈或导游讲解时要得体，要把握好分寸，符合导游人员的身份，需从______做起。

A . 带团中尽量多的使用敬语、谦语　　B. 语言表达要得体

C. 用词要文明优雅　　D. 常用委婉、商量的句式

E. 可用命令的方式要求客人

3.______是决定导游语速快慢的主要因素。

A. 游客的情况　　B. 景点的人流量

C. 交谈或讲解的内容　　D. 天气状况　　E. 旅途的远近

4. 通俗是指语言的大众化，适合于一般人的水平和需要。导游语言艺术的通俗性主要表现为______。

A. 熟悉所讲、所谈事物　　B. 了解客人文化水平

C. 口语短句化　　D. 避免使用冷僻、晦涩词语

E. 充分考虑文化差异

5. 导游语言的准确性主要表现为______。

A. 语音正确　　B. 所讲内容有根有据　　C. 具有思维创造能力

D. 天气状况　　E. 简单明了，使游客易于接受

导游讲解技能

一、单项选择题

1. 就导游讲解的属性而言，它不仅涉及语言的______，而且也是一个复杂的______，是一种创造性的劳动。

A. 有效表达　思维进程　　B. 思维进程　有效表达

C. 逻辑层次　交流过程　　D. 交流过程　逻辑层次

2. 导游语言具有其自身的属性，其中，______是导游讲解的基本属性。

A. 情感性　　B. 知识性　　C. 艺术性　　D. 逻辑性

3. 导游讲解的情感主要表现在对讲解景点、事物的情感和对游客的情感两个方面，它们都是以导游人员的______为前提。

A. 艺术修养　　B. 应变能力　　C. 感情投入　　D. 知识水平　　E. 理解能力

4. 导游讲解的______是指通过形象反映事物、生活，表现思想感情所达到的准确、鲜明、生动的程度以及形式、结构、表现技巧的完美程度。

A. 知识性　　B. 情感性　　C. 思想性　　D. 艺术性　　E. 逻辑性

5. 导游讲解的______原则是指导游讲解要从游客的实际出发，因人而异，有的放矢。

A. 计划性　　B. 灵活性　　C. 客观性　　D. 思想性　　E. 针对性

6. 导游讲解的______原则是指导游讲解要根据讲解时的具体情况随机应变，即因人而异，因时制宜，因地制宜。

A. 灵活性　　B. 计划性　　C. 客观性　　D. 思想性　　E. 针对性

7. 在导游讲解的几个要求中，______是导游讲解的基本要求。

A. 鲜明性　　B. 准确性　　C. 生动性　　D. 多样性　　E. 计划性

8.______是指导游人员在讲解中对人、对事、对物的态度要分明，观点要明确。

A. 准确性　B. 生动性　C. 鲜明性　D. 多样性　E. 针对性

9. 导游讲解的______是指导游讲解过程要具有活力，能对游客产生感染作用。

A. 准确性　B. 多样性　C. 鲜明性　D. 生动性　E. 针对性

10. 导游讲解的______是指导游讲解在方法上、结构上和技巧上采用多种形式。

A. 准确性　B. 针对性　C. 鲜明性　D. 生动性　E. 多样性

11. 导游讲解的______是按照先后顺序、因果关系对景物进行的有条有理的讲解形式。

A. 陈述式　B. 间断式　C. 连续式　D. 问答式　E. 演讲式

12.______是根据景点布局，按照游览线路顺序将景点分成前后衔接的若干部分而进行的导游讲解。

A. 重点讲解　B. 分段讲解　C. 概述讲解　D. 虚实讲解　E. 多样讲解

13. 陈述式讲解的______是根据事物的发展逻辑或景观的位置、年代、规模、成因等逐步展开、逐步深入的一种讲解形式。

A. 倒叙　B. 夹叙夹议　C. 直叙　D. 系统讲解　E. 分段讲解

14. 陈述式讲解的______是先讲事物或景观的结论性见解，然后逐步分叙的一种讲解形式。

A. 系统讲解　B. 夹叙夹议　C. 直叙　D. 倒叙　E. 分段讲解

15.______导游讲解方式是讲解中使用最为广泛的形式，无论是自然景观还是人文景观都可以运用这种讲解形式。

A. 分段式　B. 问答式　C. 连续式　D. 间断式　E. 陈述式

16. 导游讲解方法中的______是对景点的景物布局、特色等基本情况进行轮廓性介绍的方法。

A. 概述法　B. 突出重点法　C. 分段法　D. 画龙点睛法　E. 虚实结合法

17.______是一种在导游讲解中提出令人感兴趣的话题，但又引而不发，以激起游客的好奇心，使其产生兴趣的讲解方法。

A. 分段讲解法　B. 设置悬念法　C. 类比法　D. 创新立意法　E. 由点及面法

18. 导游讲解方法中的______是一种由事物的部分引出总体或由一事物引出相关事物

的借题发挥的讲解方法。

A. 概述法　　B. 突出重点法　　C. 由点及面法

D. 画龙点睛法　　E. 虚实结合法

19. 导游讲解方法中的______是一种用精辟的词语概括旅游目的地或游览景点突出特征的讲解方法。

A. 问答法　　B. 突出重点法　　C. 平铺直叙法

D. 画龙点睛法　　E. 妙用数字法

20.______是导游讲解的基本属性是。

A. 幽默性　B. 思想性　C. 知识性　D. 艺术性

二、多项选择题

1. 导游讲解技能是导游艺术的一个重要方面。导游人员要做好导游讲解，除了要注意讲解内容的______之外，还要注意导游讲解的方式方法。

A. 逻辑性　　B. 知识性　　C. 真实性

D. 思想性　　E. 健康性

2. 导游讲解是导游人员对游客进行的面对面讲解，其目的是满足游客求知、求新、求奇、求异和求美的欲望，应该具有如下属性______。

A. 思想性　　B. 知识性　　C. 情感性

D. 艺术性　　E. 健康性

3. 导游讲解的情感性主要表现在______几个方面。

A. 对讲解景点、事物的情感　　B. 对旅行社的情感

C. 对游客的情感　　D. 对旅游业的情感　　E. 对旅游目的地的情感

4. 导游讲解是一种创造性的劳动，但无论何种导游讲解方式方法的创造，或导游艺术的创造，都必须遵循______。

A. 以客观实际为依据的原则　　B. 满足游客原则

C. 针对性原则　　D. 维护游客权益原则　　E. 灵活性原则

5. 导游讲解是为有效地传播知识、巧妙地联络感情服务的，为此，导游讲解艺术要满足______要求。

A. 准确性　　B. 鲜明性　　C. 生动性

D. 多样性　　E. 灵活性

6. 导游讲解的准确性主要表现在______几个方面。

A. 层次要分明　　B. 逻辑要合理　　C. 事实要准确

D. 道理要透彻　　E. 条理要清楚

7. 导游讲解的鲜明性主要体现在______方面。

A. 语言清晰　　B. 思路清晰　　C. 口齿清楚

D. 突出重点、分清主次　　E. 是非观念、爱憎分明

8. 导游讲解的方式是指导游人员向游客进行景物介绍所采取的形式，导游讲解的方式主要分为______。

A. 面上讲解　　B. 线上讲解　　C. 点上讲解

D. 即兴讲解　　E. 重点讲解

9. 导游讲解主要分为面上讲解、线上讲解、点上讲解和即兴讲解四种，在这几种类型的讲解中，导游人员采取的讲解方式主要有______。

A. 间断式　　B. 连续式　　C. 陈述式

D. 问答式　　E. 演讲式

10. 陈述式的导游讲解从讲解的连续性出发可以分为______。

A. 系统讲解　　B. 直叙　　C. 夹叙夹议

D. 倒叙　　E. 分段讲解

11. 分段讲解是导游讲解的主要形式之一，一般适用于______的景区景点。

A. 范围较小　　B. 范围较大　　C. 功能划分较细

D. 游客多　　E. 游客少

11. 问答式是采用发问和回答进行导游讲解的形式，问答式可以分为______。

A. 自问自答　　B. 间断回答　　C. 连续回答

D. 我问客答　　E. 客问我答

12. 突出重点法是指导游讲解中避免事无巨细、面面俱到，而是有主有次、有轻有重，以重点为主的讲解方法，它主要表现在______几个方面。

A. 突出导游员熟悉的内容

B. 突出大景点中具有代表性的景观

C. 突出景点中新、奇、特的内容

D. 突出游客希望了解和有兴趣的内容

E. 突出“最”字

13. 触景生情法是一种借景生情，情景结合的讲解方法，又称______。

A. 情景法　　B. 意境法　　C. 由点及面法

D. 虚实结合法　　E. 设置悬念法

14. 虚实结合法是一种将典故、故事、传说等与景物介绍有机结合起来的讲解方法，其中“实”是指景物中的______等实体。

A. 实物　　B. 神化　　C. 特征

D. 价值　　E. 史实

15. 妙用数字法是利用数字来精确地说明事物的历史年代、形体特征、功能大小等方面内容的一种手段。在导游讲解中，妙用数字的具体方法有______。

A. 准确具体　　B. 数字换算　　C. 介绍中国传统文化

D. 数字的科学内涵　　E. 描述形象

导游业务相关知识

一、单项选择题

1. 在全包价旅游的基础上，扣除午餐、晚餐费用的包价形式是______。

A. 半包价旅游　　B. 小包价旅游　　C. 零包价旅游　　D. 组合旅游

2.______米以下的儿童免船票。

A. 1.1　　B. 1.2　　C. 1.4　　D. 1.5

3. 游程中，发现有游客关节扭伤，导游人员不应______。

A. 搓揉按摩　　B. 冷水敷　　C. 冰块敷　　D. 绷带包扎

4. 高铁列车的车次前冠有字母______。

A. T　　B. D　　C. G　　D. S

5. 旅行社根据旅游者的具体要求而提供的各项单项计价的有偿服务是______。

A. 小包价旅游　　B. 单项服务　　C. 半包价旅游　　D. 零包价旅游

6. 旅游团中个别旅游者的特殊要求，一般视为______。

A. 小包价旅游　　B. 单项服务　　C. 半包价旅游　　D. 零包价旅游

7. 由9人以下游客组成，采取一次性预付旅费方式，有组织按预定计划进行的旅游形式是______。

A. 团队包价　　B. 散客包价　　C. 小包价　　D. 半包价

8. 驻国外的外交机关、领事机关和驻联合国组织系统及其专门机构的工作人员持的是______。

A. 外交护照　　B. 公务护照　　C. 因公普通护照　　D. 普通护照

9. 属于强制险种的是______。

A. 旅行社责任险　　B. 旅游意外险

C. 航空意外险　　D. 境外旅行意外险

10. 港澳居民来往内地通行证的有效期为______年，可使用______次。

A. 3　1　　B. 10　多　　C. 5　1　　D. 15　多

11. 列车运输的行李从运到日起，包裹从发出通知日起免费保管______天。

A. 4　　B. 3　　C. 2　　D. 1

12. 下列旅行知识说法正确的是______。

A. 国际、国内机票有效期均为1年

B. 我国公路根据使用任务、功能和适应的交通量分为4个等级

C. 乘坐长江客轮的普通旅客可随身免费携带行李20千克

D. 普通旅客乘坐火车可免费携带的行李为30千克

13. 以下说法中，正确的是______。

A. 海关通道的“绿色通道”亦即“免检通道”

B. 导游人员可用自备药品为游客治病

C. 导游人员可免费带其亲友随团活动

D. 如果游客确有困难，导游人员可为其转递食品

14. 外国游客想在中国购买并麝香时，导游人员应______。

A. 协助其购买　　B. 建议其自行处理

C. 断然拒绝　　　　　　　　D. 劝阻，并告知中国海关规定

15. 游客在旅游前仅需预付接送、住房及早餐费用的旅游产品是指______。

A. 全包价旅游　　B. 半包价旅游　　C. 小包价旅游　　D. 零包价旅游

16. 游客进出境时，如携带有需向海关申报的物品应选择______。

A. 绿色通道　　B. 蓝色通道　　C. 红色通道　　D. 橙色通道

17. 中华人民共和国成年公民护照的有效期为______年。

A. 10　　B. 5　　C. 15　　D. 20

18. 旅游签证属于普通签证，在我国为______签证。

A. D 字　　B. L 字　　C. J 字　　D. C 字

19. 持站台票上车并在开车后 ____ 分钟仍不声明时，按无票处理。

A. 20　　B. 30　　C. 40　　D. 10

20. 办理改晚乘车签证手续时，个人最迟不超过开车后______小时，团体旅客必须在开车前______小时以前办理。

A. 2　24　　B. 2　48　　C. 4　48　　D. 4　24

21. 火车开车后 ____ 小时后卧铺扔无人使用，列车长可将该铺另行出售。

A. 4　　B. 3　　C. 1　　D. 2

22. 自______年 5 月 10 日起，实名制火车车票可以办理挂失补办手续。

A. 2013　　B. 2012　　C. 2011　　D. 2010

23. 我国规定______人以上的旅游团可发给团体旅游签证。

A. 9　　B. 10　　C. 12　　D. 15

24. 交通事故报警、匪警、医疗急救电话分别是______。

A. 119、120、122　　　　B. 120、122、110

C. 122、110、120　　　　D. 110、120、119

25. 旅客列车 T19 、K106、Y20 分别是______。

A. 快速旅客列车、特快旅客列车、临时旅游列车

B. 特快旅客列车、临时旅游列车、快速旅客列车

C. 动车组、快速旅客列车、临时旅游列车

D. 特快旅客列车、快速旅客列车、临时旅游列车

26. 身高______的儿童乘坐列车时，应随同成人购买座位相同的半价客票、加快票及相应空调票。

A. 1.0 米到 1.4 米　　B. 1.2 米到 1.4 米

C. 1.2 米到 1.5 米　　D. 1.0 米到 1.3 米

27. 从业务流程来说，______不是旅行社业务。

A. 旅游产品开发　　B. 旅游服务采购

C. 安排交通服务　　D. 旅游产品销售

28. 中国公民因私出境旅游，可凭有关证明每次兑换______美元。

A. 1000　　B. 5000　　C. 10000　　D. 15000

29. 一名妇女，携带 1 名 10 岁的儿童和 1 名 1 岁的婴儿，乘坐飞机从北京飞往上海，成人全票价假设为 1000 元，那她为此应付的机票价格为______元。

A. 1600　　B. 2000　　C. 1200　　D. 3000

30. 旅客在航班规定离站时间 24 小时内，2 小时前要求退票，应支付票价______的退票费。

A. 5%　　B. 10%　　C. 15%　　D. 20%

31. 乘坐飞机公务舱的旅客，可以免费携带行李______千克。

A. 40　　B. 30　　C. 20　　D. 10

31. 民航客机的行李赔偿金额一般情况下不超过人民币______元。

A. 100　　B. 60　　C. 50　　D. 30

32. 乘坐火车的普通旅客的携带品每人免费的重量是______千克。

A. 10　　B. 35　　C. 20　　D. 40

33. 携带金银制品入境超过______克，应填写申报单，向海关申报。

A. 30　　B. 50　　C. 100　　D. 150

34. 中国公民出入境，每人每次携带的人民币限额为______万元。如有超出，应向海关申报。

A. 1　　B. 2　　C. 5　　D. 10

35. 旅客携带中药材、中成药出境，前往国外的，总值限人民币______元。

A. 100　　B. 150　　C. 200　　D. 300

二、多项选择题

1. 下列属于团队包价旅游的服务项目的是______。

A. 市内游览用车　　B. 行李服务　　C. 景点门票

D. 餐间饮料　　E. 单项委托业务

2. 小包价旅游的非选择部分包括______。

A. 饭店接送　　B. 住房　　C. 早餐

D. 导游服务　　E. 城市间交通

3. 小包价旅游的可选择部分包括______。

A. 导游服务　　B. 风味餐　　C. 节目欣赏

D. 参观游览　　E. 交通港接站

4. 下列属于中国公民办理的普通护照的是 ____。

A. 出国定居　　B. 探亲访友　　C. 留学就业

D. 旅游　　E. 政府公差

5. 下列出境旅客必须通过红色通道的是______。

A. 携带文物者　　B. 行李超重者

C. 携带外币者　　D. 携带带入境内而应带出境外物品者

E. 持有外交护照的德国政府人士 Herr Müller

6. 下列属于旅客在回程时复带出境的物品是______。

A. 照相机　　B. 小型摄影机　　C. 便携式收录音机

D. 手提式摄录机　　E. 一盒雪茄

7. 患有______病的游客不准入境。

A. 精神病、严重心脏　　B. 精神病、麻风　　C. 性病、开放性肺结核

D. 艾滋病、麻风病　　E. 感冒、高血压

8. 遇有心绞痛的游客，导游人员应对其______。

A. 取坐姿　　B. 尽快安排人背着去医院　　C. 头部垫高

D. 让其含服硝酸甘油　　E. 如情况不妙，及时胸外按压或人工呼吸

9. 旅游过程中，发现有游客中暑晕倒，导游人员应当______。

A. 使其平躺　　B. 立即热敷　　C. 抬高下肢

D. 给其服用防暑药物　　E. 让其饮用含盐饮料

10. 出境时需走红色通道的情况有______。

A. 文物　　B. 超出入境时报关数量的外币

C. 样品　　D. 携带带入境内而应带出境外物品者

E. 成年旅客携带的香烟 400 支

11. 世界上大多数国家将签证大体分为______。

A. 外交签证　　B. 公务签证　　C. 普通签证

D. 礼遇签证　　E. 旅游签证

12. 外交护照的颁发对象有______。

A. 党政军高级官员　　B. 全国人民代表大会主要领导人

C. 各级政府部门处长以上官员　　D. 政府公差人员

E. 驻外使领馆工作人员

13. 我国的边防检查站是由______组成。

A. 公安　　B. 海关　　C. 质量监督

D. 卫生检疫　　E. 外事部门

14. 对______人士，边防检查站有权阻止其入境。

A. 和我国外交关系紧张国家的公民

B. 持伪造、涂改或他人护照、证件者的

C. 拒绝接受检查证件者的

D. 未持有效护照、证件或签证者的

E. 不能保障在中国所需费用的

15. 我国目前受理的外国信用卡主要有______。

A. 万事达卡　　B. 金穗卡　　C. 运通卡

D. 牡丹卡　　E. 发达卡

16. 对中风游客的处理措施，妥当的是______。

A. 尽量保证患者体位的安定

B. 可以给患者进水或者喂食

C. 若患者意识丧失，可将患者移动至侧卧位

D. 当患者鼾声明显时，应抬起其下颚使之成仰头姿势

E. 尽快将患者送至医院救治

17. 若游客腿被蛇咬伤，导游应当______。

A. 伤口下方用带子绑住，以阻止蛇毒扩散

B. 伤口处隔断蛇毒蔓延的带子要每隔半小时松开几分钟

C. 用消毒过的刀片在伤口处与肢体纵向横切半厘米的切口以便挤血

D. 挤血时从远心端向近心端从四周向伤口反复推挤

E. 尽快送至医院救治

18. 旅游活动过程中，对泥石流的认识，正确的是______。

A. 河水水流突然断流或者突然瀑泄，并夹带有柴草、树木，水质浑浊时，则上游可能已发生泥石流

B. 河谷昏暗，并伴有轰鸣或者轻微震动感，可确认上游发生泥石流

C. 发生泥石流时，应带领旅游团马上找房屋或者树上避难

D. 发生泥石流时，逃跑路线不要与泥石流流向相同

E. 逃跑时提醒游客扔掉一切妨碍速度的物品

19. 旅游过程中遭遇台风时，导游应当______。

A. 与组团社、地接社联系，适当变更旅游行程

B. 带领旅游者到远离海岸的宾馆

C. 若正在旅游车内，应提醒司机马上停车

D. 若还在帐篷内，提醒旅游者束紧帐篷

E. 带领旅游团中止导游活动，立马返回

20. 在客房内遭遇地震时，导游应当带领旅游者______。

A. 寻找房屋避难

B. 乘坐电梯下楼

C. 若在高层，就近寻找结实的家具或墙角避难

D. 用被褥、皮包等护住头部

E. 避开广告灯箱、高大货架等危险物

21. 遇到雷电天气时，应当告知旅游者______。

A. 以房间中央最安全

B. 马上拨打电话通知家属

C. 若在旅游车里，应当立马离开，跑到临近的房屋

D. 不要站在地面凸起处

E. 大家抱团集中在一处

22. 如遇旅游者遭受雷击，导游应当______。

A. 伤者若身上着火，应当让其就地躺下，避免烧伤面部

B. 伤者若昏迷，则立马组织人手进行人工呼吸和胸外按压

C. 伤者若抽搐不止，应为其作头部热敷

D. 送至救护车上时，可以暂停急救

E. 现场抢救时，不要随意移动伤者

23. 对于旅游安全事故的描述，正确的是______。

A. 凡涉及旅游者人身、财产安全的事故均为旅游安全事故

B. 轻微事故，指旅游者轻伤，或经济损失在 1 万元以下

C. 一般事故，指旅游者重伤，或经济损失在 1 万到 10 万元之间

D. 重大事故，指造成旅游者死亡或者重伤致残，或经济损失在 50 万到 100 万元之间

E. 特大事故，指造成旅游者死亡多名，或经济损失在 100 万元以上

24. 旅游安全事故处理的原则有______。

A. 依法办事

B. 不违反法律前提下，尊重当事人意愿处理善后，不要激化矛盾

C. 封闭现场，以免人心惶惶

D. 尽早对外报道

E. 尊重因当事人本人及其所在国家风俗习惯所提出的要求

25. 旅游安全事故中，若有海外游客伤亡，导游应______。

A. 迅速通知外事部门，并通过使领馆通知伤亡游客所属国家驻华使领馆

B. 通知组团社

C. 等原因查明后再通知游客亲属

D. 慰问伤亡者家属

E. 若死因不明时可进行尸检，然后再通知伤亡者家属

第三编　仿真模拟题

模拟题一

一、单项选择题（每题 0.5 分，共 15 分）

1. 导游服务处于旅游接待服务的中心地位，通过导游服务把旅游接待服务中的其他服务联系起来，使之相互配合，协同完成旅游接待任务，这体现的是导游服务的______。

A. 纽带作用　　B. 团结作用　　C. 反馈作用　　D. 扩散作用

2. 现代导游服务方式大致可以分为导游图、产品宣传、影像资料等图文声像导游和导游人员的实地口语导游等类型，基于导游服务的特殊性，______方式不仅不会被其他方式代替，而且将永远在导游服务中处于主导地位。

A. 现代影像导游　　B. 实地口语导游　　C. 导游图册　　D. 产品宣传

3. 取得了导游证书，才有资格从事导游业务。导游证的有效期是______年，如有需要继续使用的，需要在期满前三个月申请换发导游证书。

A. 1　　B. 2　　C. 3　　D. 4

4. 导游员的职责各不相同，下列只属于全程陪同导游员的职责是______。

A. 处理问题　　B. 维护安全　　C. 导游讲解　　D. 宣传调研

5. 导游人员在介绍他人时，要注意通常的礼节，下面介绍顺序正确的一种是______。

A. 先把女子介绍给男子　　B. 先把长辈介绍给晚辈

C. 先把职位高的介绍给职位低的　　D. 先把男子介绍给女子

6. 一名合格的导游员要具备良好的修养，其中______是导游员立业之基。

A. 渊博的知识　　B. 高尚的情操　　C. 良好的道德　　D. 儒雅的气质

7. 地方导游人员在带领游客参观游览前，要准备好导游旗、胸卡，核实餐饮落实情况并提前______分钟到达集合地点迎候游客。

A. 15　　B. 20　　C. 25　　D. 30

8. 地陪带团到达机场必须留出充裕的时间，一般情况，乘出境航班提前______分钟，乘国内航班提前______分钟到达机场。

A. 90　60　　B. 60　90　　C. 120　90　　D. 120　60

9. 送出境的团队，地陪应与全陪、领队一起与旅行社行李员交接行李，清点核实后协助将行李交给每位旅行者，由______携带行李办理托运手续。

A. 行李员　　B. 地陪　　C. 领队　　D. 旅游者

10.______作为组团社的代表，应始终参与旅游团整个行程的活动，负责旅游团移动中各环节的衔接，监督接待计划的实施，严格按照导游服务规范向旅游者提供各项服务。

A. 全陪　　B. 地陪　　C. 景点导游员　　D. 领队

11. 导游人员必须在送站前______小时与游客或小包价旅游团确认送站的时间和地点。

A. 24　　B. 36　　C. 12　　D. 6

12. 旅游中特大事故是指一次事故造成旅游者死亡多名，或经济损失在______万元以上，或性质特别严重，产生重大影响者。

A. 50　　B. 100　　C. 80　　D. 120

13. 旅游者入住饭店时，导游人员应该核对送达的行李，并督促______将行李送至客人房间。

A. 领队　　B. 全陪　　C. 饭店行李员　　D. 地陪

14. 当游客患有较重的疾病时，导游人员要及时报告旅行社，一般情况下，亲友陪患者前往医院的同时，通常由______带领旅游团前往景点参观游览。

A. 全陪　　B. 景点导游员　　C. 团队负责人　　D. 地陪

15. 在旅游过程中，一旦发生交通事故，导游人员应该立即采取各种措施，冷静果断的处理，首先要______。

A. 保护现场　　B. 向旅行社报告　　C. 稳定游客情绪　　D. 立即组织抢救

16. 旅游过程中，游客提出换餐要求，如果提前______小时提出，地陪应该积极和餐厅联系，尽量满足，但如果产生差价，应事先告知游客由其自理。

A. 3　　B. 1　　C. 4　　D. 2

17. 但游客要求导游员帮忙转递物品，导游人员了解到转递的是______时，要婉言拒绝，请其自行处理。

A. 花瓶　　B. 食品　　C. 电脑　　D. 普通纪念品

18. 旅游过程中，游客没有正当理由执意要求中途退团，导游人员不正确的做法是______。

A. 协助订返程机票　　B. 安排车辆送行

C. 退还服务费　　D. 办理分离签证

19. 导游人员要掌握和游客交往的艺术，和游客能比较顺畅的沟通。______是指为了使导游员同旅游团游客双方对一个问题或一件事物在观点和看法的交流中趋于一致而进行的沟通。

A. 情感沟通　　B. 信息沟通　　C. 双向沟通　　D. 意见沟通

20. 导游人员要做好各方面的协调工作，______是做好协调工作的前提，导游人员尊重相关接待单位人员的劳动意味着相关接待单位对导游人员工作的支持。

A. 理解　　B. 支持　　C. 尊重　　D 微笑

21. 导游人员在带团过程中，要处理好各种工作关系，和司机的合作就是很重要的方面，导游人员以下做法不正确的是______。

A. 提醒司机加速赶路　　B. 将司机介绍给游客

C. 提前告知司机计划变更　　D. 涉及行车事宜要征求司机意见

22. 导游讲解的语言，一要言之有物，二要言之有据，三要言之有理，四要言之有情，五要言之有礼，六要言之有神，七要言之有趣，八要言之有喻。其中______体现的是导游语言的情感性。

A. 言之有礼　　B. 言之有情　　C. 言之有趣　　D. 言之有神

23. 导游人员在讲解时，从语气上看，表示庄严、平静多用______，疑问句多用______，通常陈述句多用______。

A. 升调　降调　直调　　B. 降调　直调　升调

C. 直调　升调　降调　　D. 直调　降调　升调

24. 口头语言是以说和听为形式的语言，其规范的构成不应该包括______。

A. 语言　　B. 词汇　　C. 语义　　D. 修辞

25. 导游讲解的方式是指导游人员向游客进行景物介绍所采取的形式，导游讲解的方式不包括______。

A. 面上讲解　　B. 重点讲解　　C. 点上讲解　　D. 即兴讲解

26. 突出重点法是指导游讲解中避免事无巨细，面面俱到，而是有主有次、有轻有重、以重点为主的讲解方法，以下不属于应该突出的内容是______。

A. 突出导游人员熟悉的内容　　B. 突出大景点中具有代表性的景观

C. 突出景点中新、奇、特的内容　　D. 突出游客希望了解和有兴趣的内容

27. 虚实结合法是一种将典故、故事、传说等与景物介绍有机结合起来的讲解方法，其中“虚”是指与景物相关的______等。

A. 实物　　B. 神话　　C. 特征　　D. 价值

28. 我国不同航空公司的班机都有二字英语代码和阿拉伯数字组成，MU545 是______航空公司所属航班。

A. 南方航空公司　　B. 海南航空公司

C. 东方航空公司　　D. 首都航空公司

29.______人以上的旅游团可发给团体签证，团体签证一式三份，签发机关留一份，来华旅游团两份，一份用于入境，一份供出境用。

A. 5　　B. 15　　C. 10　　D. 9

30. 团体包价旅游，是由______名以上游客组成，采取一次性预付旅游费用的方式，有组织地按预定行程计划进行旅游的形式。

A. 10　　B. 20　　C. 30　　D. 40

二、多项选择题（每题 1 分，共 35 分）

1. 导游服务的范围是指导游人员向游客提供服务的领域，就是导游人员业务工作的内容，归纳起来，大体可以分为______几大类。

A. 导游讲解服务　　B. 购物引导服务　　C. 旅游生活服务

D. 安排娱乐服务　　E. 市内交通服务

2. 导游服务与服务行业中其他服务相比，具有某些不同的特点，以下属于导游服务特点的是______。

A. 社会性　　B. 独立性强　　C. 复杂多变　　D. 涉及面广　　E. 文化性

3. 导游人员在工作过程中，要注意保护游客的合法权益，旅游者的合法权益主要有______几个方面。

A. 旅游自由权　　B. 旅游服务内容知悉权　　C. 人身和财物安全权

D. 言论自由权　　E. 退换货自由权

4. 我们可以根据不同的划分方法将导游人员分为许多类型，其中常用的是按照业务范围划分，可以将导游人员分为______几类。

A. 临时陪同导游员　　B. 地方陪同导游员　　C. 出境旅游领队

D. 景点景区导游员　　E. 全程陪同导游员

5. 在游客心目中导游人员是多种形象，一般情况下，游客把导游人员看作是______。

A. 游客之友　　B. 游人之师　　C. 服务员

D. 促销员　　E. 国家（地区）形象代表

6. ______是导游服务的几个要素，它们之间是相辅相成的关系，导游人员只有恰到好处地实现它们的有机结合，才能将导游服务工作做好。

A. 阅历　　B. 学历　　C. 语言　　D. 知识　　E. 技能

7. 导游人员在带团前要做好各项准备，以下属于地陪落实接待事宜项目的是______。

A. 掌握联系电话　　B. 核对日程安排　　C. 旅游团基本情况

D. 旅游团成员情况　　E. 落实住房及用餐

8. 导游人员带团时，为使旅游团进入饭店后尽快办妥入住手续，顺利进入客房，全陪要做好______。

A. 掌握总台电话号码　　B. 将行李托运单交给地陪　　C. 掌握住房分配名单

D. 引导旅游者进入房间　　E. 负责分配住房

9. 领队在带团出境时，要告知游客我国海关的有关规定，如旅游自用物品______每种职能带一件，超出范围的，须向海关如实申报，并办理有关手续。

A. 手机　　B. 小型摄影机　　C. 手提式文字处理机

D. 充电宝　　E. 便携式收录机

10. 散客旅游不同于团队旅游，其中，小包价旅游具有______的特点。

A. 人数在 9 人以下　　B. 自由度大　　C. 一般不配全陪

D. 游客有一定自由度　　E. 自主安排行程

11. 散客旅游服务程序主要有接站服务、导游服务、送站服务，其中，导游服务的内容主要包括______。

A. 出发前的服务　B. 现场导游讲解　C. 提前到港等候

D. 阅读送站计划　E. 沿途导游服务

12. 一般说来，由旅游故障引起的损害主要有______。

A. 客源损害　B. 人身损害　C. 财物损害

D. 心理损害　E. 形象与声誉损害

13. 旅游故障，无论是何种类型，也不管大小如何，导游人员在处理过程中都应该遵循______原则。

A. 将损失降至最小　B. 按规章办事　C. 保障旅游活动正常进行

D. 维护游客权益　E. 游客之上

14. 导游人员错接团队后要进行补救，采取措施挽回影响，一般可以采取______措施。

A. 进行经济补偿　B. 报告旅行社领导　C. 将错就错

D. 交换团队　E. 通知组团社

15. 旅游团团体签证遗失后，应立即到当地公安机关出入境管理部门申报补办，补办时需要______。

A. 打印游客名单　B. 接待社开遗失公函　C. 收集全体成员护照

D. 到公安局申请新的团体签证　E. 公安局开具遗失证明

16. 导游人员在带团的过程中，要预防旅游者走失，导游人员预防游客走失的措施一般有______。

A. 预报全天行程　B. 告知游客停车地点和车的特征

C. 讲清游览线路　D. 了解游客心理　E. 时刻举起社旗

17. 在旅游的过程中，游客会提出各种个别要求，导游人员在处理的时候要遵循______原则。

A. 尊重游客、不卑不亢　B. 保护游客合法权益　C. 坚持有理有利有节

D. 合理而可能　E. 认真倾听、耐心解释

18. 旅游者提出单独外出购物的要求，如条件允许，导游人员要予以协助。当好购物参谋，一般应该做好______方面的工作。

A. 告知商品售出不退不换　B. 告知建议去的商店名称

C. 安排出租车或告知公交路线　D. 建议游客购买比较贵的商品

E. 提供备选商店名称

19. 当游客提出自由活动要求的时候，导游人员要根据实际情况分析是否答应其要求，当遇到______，要劝阻游客自由活动。

A. 旅游团即将离开本地时　　B. 交通拥挤、治安混乱时

C. 要求去不对外开放的地区时　　D. 要求会见亲友时

E. 去非游泳区游泳时

20. 导游人员在带领老年旅游者旅游的时候，要注意做好______。

A. 适当放慢行进速度　　B. 尊重其宗教信仰　　C. 适当放慢语速

D. 耐心解答问题　　E. 多做提醒工作

21. 导游人员要带好旅游团，除了充分发挥导游人员的主观能动性外，还要具备多种带团技能并了解导游带团的特点，导游带团的特点主要体现在______方面。

A. 时效性　　B. 契约性　　C. 政策性　　D. 整体性　　E. 差异性

22. 导游人员同游客之间的交往是一门复杂的艺术，因为在同游客交往中，导游人员除了要考虑导游交往的五个组成要素，遵循双方获益原则之外，还包括______，以及较多的处理事情的艺术。

A. 调节游客的情绪　　B. 了解游客的心理　　C. 激发游客的游兴

D. 掌握旅游的政策　　E. 熟悉景点的布局

23. 在旅游过程中，导游人员要随时调节游客的情绪，调节游客情绪的方法主要有______。

A. 原则法　　B. 补偿法　　C. 微笑法　　D. 分析法　　E. 转移法

24. 导游人员在带团过程中，要处理好各种工作关系，和领队的合作就是很重要的方面，主要方法有______。

A. 多同领队磋商　　B. 多给领队"面子"　　C. 支持领队工作

D. 相互弥补缺陷　　E. 勇于承担责任

25. 介绍型口头语言主要突出说明功能，多用于景物的外形、历史沿革、性能、功用的叙述和游览日程安排的说明，其特点是______。

A. 语法严谨规范　　B. 词语华丽　　C. 逻辑性强

D. 语句随意平和　　E. 语言通俗易懂

26. 导游语言艺术要求语音正确、清晰，语音即说话的声音，它是语言的物质外壳，包括______等要素。

A. 语音　　B. 语调　　C. 语气　　D. 语速　　E. 语法

27. 在导游讲解时，不属于动态无声体态语言的是______。

A. 服饰　　B. 掌声　　C. 微笑　　D. 点头　　E. 手势

28. 通俗是指导游语言的大众化，既浅显易懂，适合一般人的水平和需要。以下不能表现导游语言艺术通俗性的是______。

A. 充分考虑文化差异　　B. 明晰讲解内容　　C. 口语短句化

D. 避免使用冷僻、晦涩的词语　　E. 克服不良口语习惯

29. 妙用数字法是是利用数字来精确地说明事物的历史年代、形体特征、功能大小等方面内容的一种手段，以下不属于妙用数字法的内容有______。

A. 准确具体　　B. 数字换算　　C. 介绍中国传统文化

D. 数字的科学内涵　　E. 描述形象

30. 以下不能体现导游讲解的鲜明性的是______。

A. 语言清晰　　B. 思路清晰　　C. 口齿清楚

D. 突出重点、分清主次　　E. 是非观念、爱憎分明

31. 导游讲解主要分为______，在这几种类型的讲解中，导游人员采取的讲解方式主要有陈述式和问答式两种。

A. 激情讲解　　B. 线上讲解　　C. 点上讲解

D. 面上讲解　　E. 即兴讲解

32. 导游人员在带团的过程中，如遇到旅游者骨折，要及时将游客送医院治疗，但是在现场，应该注意要做好如下处理措施______。

A. 止血　　B. 包扎　　C. 打急救电话

D. 用热毛巾包裹　　E. 上夹板

33. 我国海关规定，______的外国人不准入境。

A. 拒绝接受查验证件

B. 持伪造证件

C. 患有精神病、麻风病

D. 有可能进行走私、卖淫活动

E. 可能进行恐怖、暴力活动

34. 小包价旅游，又可以称为选择性旅游，它由非选择部分和可选择部分组成，其中，可选择部分有______。

A. 导游服务　　B. 正餐　　C. 住房

D. 参观游览　　E. 城市间交通

35. 旅行社的业务从经营范围来说，包括______几个方面。

A. 单项旅游业务　　B. 综合旅游业务　　C. 国内旅游业务

D. 入境旅游业务　　E. 出境旅游业务

模拟题二

一、单项选择题（每题 0.5 分，共 15 分）

1. 下列关于导游人员的行为规范说法正确的是______。

A. 导游人员可以以任何方式拒绝游客的侮辱性要求

B. 团内游客闹矛盾时，导游人员应积极化解

C. 导游人员的讲解应符合游客的各种喜好

D. 在紧要关头，导游人员应将游客的生命、财产的安全置于第一位

2. 旅游团队发生交通事故，导游人员没负伤且神志清醒，此时第一时间导游应______。

A. 保护现场，立即报案　　B. 迅速向旅行社汇报，请求支援

C. 安抚游客，做好善后工作　　D. 立即组织抢救

3. 某旅游团在青岛参观游览时，一位游客伤风感冒头很疼，此时导游人员应该______。

A. 向团队其他游客找药　　B. 将自己的感冒药给游客服用

C. 一般性疾病游客可以自己解决　　D. 劝其及早就医并多休息

4. 为避免误机事故的发生，地陪要安排充裕的时间去机场，保证旅游团乘国际航班按以下规定时间到达离站地点______。

A. 提前 30 分钟到达机场　　B. 提前 50 分钟到达机场

C. 提前 90 分钟到达机场　　D. 提前 120 分钟到达机场

5. 旅游团队提出将中餐换成西餐的换餐要求，在用餐前______小时提出，地陪应尽量满足客人的要求。

A. 1　　B. 2　　C. 3　　D. 4

6. 在______情况下，导游人员可以满足游客自由活动的要求。

A. 在本地旅游期间，游客要求单独外出购物

B. 在火车站候车时，游客要求到附近的书店购买图书

C. 游客要求不随团离开本市，自行购票前往下一地与旅游团会合

D. 在五台山旅游期间，游客要求夜间“小朝台”

7. 对于旅游团中个别无理取闹的游客，地陪导游应该______。

A. 马上向旅行社报告，请其解决

B. 不伤主人之雅，不损客人之尊，理明则让

C. 不予理睬，使其反省

D. 由领队负责处理

8. 在旅游过程中，旅游团或游客主动提出变更计划或活动日程安排时，导游人员应该______。

A. 可以适当考虑其要求，并变更计划或活动日程安排

B. 原则上按原合同执行活动日程安排，特殊情况上报组团社

C. 不同意，向游客说明原因，这种行为违反合同

D. 尽量拒绝，旅游团或游客强烈要求时再予以考虑

9. 为使旅游活动顺利进行，导游应努力搞好与领队的关系。下列说法错误的是______。

A. 遇事多与领队协商　　B. 尊重领队工作及权限

C. 多给领队荣誉，服从领队领导　　D. 多听领队的意见和建议

10. 在旅行游览中出现有可能危及游客安全的情况时，导游人员的正确做法应该是______。

A. 采取防范措施，但不告诉游客以免引起惊慌

B. 导游员要提高警惕，但一般不必采取措施，也不用告诉游客

C. 向游客说明真实情况，作出明确警示并采取防止危害发生的措施

D. 全陪请地接社要求当地派出所派人保护旅游者

11. 在旅游过程中，当游客因父亲病危，要求回国照料，这时全陪应该______。

A. 表示慰问，报告国内组团社，协助游客提前回国

B. 表示慰问，但劝其与旅游团一起回国

C. 表示慰问，但告诉客人按规定他不能中途离团回国

D. 表示慰问，但讲明若中途回国，未享受的综合服务费一概不退

12. 旅游团抵达某地后，有位游客要求其亲友随团活动，导游人员应______。

A. 表示同意，只要交了团款就可以

B. 婉言拒绝

C. 先征求领队和旅游团其他团员的同意

D. 先请示旅行社有关部门

13. 如果旅游团提前离开，作为地陪首先应______。

A. 适当延长主要经典的游览时间

B. 酌情增加旅游景点

C. 尽量抓紧时间，将计划内的参观游览安排完成

D. 与旅行社有关部门联系，重新落实该团餐、房、车等事宜

14. 下列情况中，当游客提出换房，导游人员应立即满足其要求的是______。

A. 客房朝北，光线不好　B. 客房在走廊尽头，离电梯近

C. 在客房内发现蟑螂　D. 要求住单人间

15. 游客想购买中药材、中成药时，导游要告知我国海关的有关规定，携带中药材、中成药出境前往国外的，总值限人民币______元。

A. 500　B. 400　C. 300　D. 200

16. 导游人员需要很广的知识面来进行讲解、解答游客的提问，同时导游人员在带团过程中，经常连轴转，无法正常休息，这些都体现了导游服务的______特点。

A. 独立性强　B. 脑体高度结合

C. 关联度高　D. 跨文化性

17. 旅游团中一对夫妇坚持单独用餐，地陪可以同意，但应当告诉他们其餐费由______。

A. 领队支付　B. 组团社支付

C. 游客自理　D. 游客自理但综合服务费中的餐费以后再按规定退还

18. 旅游团内一位旅游者在商店购买了一串价格昂贵的珍珠项链，回到饭店后高高兴兴地拿给室友观赏，但室友却说是假的。这位旅游者懊丧地找到导游人员，希望导游人员能陪同前往商店退货，导游人员应该______。

A. 陪同前往并协助交涉　B. 说明货物售出，概不退换

C. 婉言谢绝　D. 请旅游者自行解决

19. 在太原市的旅游过程中，部分游客主动提出取消煤碳博物馆的参观游览，想要到柳巷自由购物，此时导游人员应该______。

A. 可以考虑其要求，并变更计划或活动日程安排

B. 原则上按原合同执行活动日程安排，特殊情况上报组团社

C. 坚决不同意，向游客说明原因，这种行为违反合同

D. 征求游客的意见，少数服从多数

20. 地陪的首次沿途导游的内容一般不包括______。

A. 本地风情导游　　B. 本地市容导游

C. 当日的活动安排　　D. 下榻酒店的基本情况

21. 旅游团入住酒店后，游客在房间的烟灰缸内看到有烟蒂，于是找到地陪要求换房，地陪导游正确的做法是______。

A. 向游客致歉，请领队在内部调配　　B. 立即换酒店

C. 立即换房　　D. 立即责成酒店打扫、消毒

22. 由于夏季天气炎热，极易造成食物的变质，为了预防游客的食物中毒，导游人员应______。

A. 提醒游客在地摊上购买小吃多留心

B. 一定要在旅游定点餐厅就餐

C. 发现食物变质，马上报告旅行社

D. 在游客就餐时要求游客吃大蒜

23. 旅游团抵晋后第一餐，多数游客要求喝杏花村汾酒，地陪满足了他们，因为是第一餐，所以白酒的费用应由______。

A. 地陪支付　　B. 地接社支付　　C. 全陪支付　　D. 游客支付

24. 据世界旅游组织预测，在今后相当长一段时间内，增长最快的市场是______。

A. 商务旅游　　B. 休闲旅游　　C. 探险旅游　　D. 亲子旅游

25.______是衡量导游人员是否履行职责的基本尺度。

A. 满足旅游者的各项要求　　B. 旅游者问卷调查的分值

C. 领队或全陪的评价　　D. 落实接待计划规定的内容

26. 某旅游团中午在餐厅用餐时，出现饭菜量少且烹制不当的情况，引发旅游者的不满与投诉，该事件属于______旅游故障。

A. 自然性　　B. 问题性　　C. 技术性　　D. 事故性

27. 景点变更后可能涉及旅游团费用的变化，通常情况下，增加的费用由______补贴。

A. 旅游者　　B. 旅行社　　C. 导游人员　　D. 司机

28. 工作中需要旅游者证件时，应由______收取后当面点清。

A. 地陪　　B. 领队　　C. 游客　　D. 司机

29. 发生食物中毒，如果脱水较轻，患者精神状态比较好，可以卧床休息，暂时禁食______小时。

A. 2—5　　B. 3—6　　C. 6—12　　D.12—24

30. “CA”是______航空公司的代码。

A. 加拿大　　B. 中国南方　　C. 中国国际　　D. 中国东方

二、多项选择题（每题 1 分，共 35 分）

1. 迎接服务中，旅游团抵达后，由______负责清点行李件数。

A. 地陪　　B. 全陪　　C. 领队　　D. 游客　　E. 司机

2. 某德国团在中国境内旅游，路线为南京—山西—内蒙古，山西的地陪导游人员接上团队前往酒店的路上，应该______。

A. 致欢迎词　　B. 调整时间

C. 首次沿途导游　　D. 宣布当日或次日的活动安排

E. 将山西境内的游览日程向游客做一介绍

针对以下案例情景，请回答问题 3—5 题：

2010 年在中国上海举办的世博会吸引了来自各地的旅游者。山西青旅组织了山西游客一行 36 人前往参观。在中国馆前排队等候时，地陪导游清点人数之后发现少了一对母子，于是赶忙请全陪照顾其他旅游者，自己寻找游客。20 分钟后，地陪与母子二人归队。正在此时由于世博会参观人数太多，加之天气炎热，排队等候时间太久，团内的一位 60 岁的张老先生突然发生昏厥，其女儿在情急之下又将脚踝扭伤。这些突发情况给地陪小常的导游工作带来了极大的挑战。

3. 针对游客中母子二人走失的情况，地陪小常的处理错误的是______。

A. 首先立即向团内其他游客了解情况

B. 自己应该和全陪迅速分头寻找游客

C. 找到后应马上向游客致歉，以消除游客的不满

D. 自己应立即打电话求助旅行社的帮助

E. 原地等候

4. 对于张老先生的昏厥，地陪小常可以采取的急救方式有______。

A. 将张先生搬至安全通风处进行急救

B. 首先观察患者的心跳与呼吸是否异常

C. 轻拍患者使其清醒

D. 采取心脏按压的方法急救

E. 立即拨打 120，请求急救

5. 对于张先生女儿脚踝扭伤的处理应该______。

A. 切忌立即揉搓按摩

B. 立即用暖水袋热敷，活血、散瘀

C. 用手帕、绷带扎紧扭伤部位

D. 必要时送至医院救治

E. 立即送往医院救治

6. 旅游团抵达后，在司机开车前地陪的服务包括______。

A. 认找旅游团　　B. 清点人数　　C. 致欢迎辞

D. 集合登车　　E. 与领队核对日程安排

7. 导游人员要劝阻游客自由活动的几种情况是______。

A. 游客希望夜爬华山　　B. 旅游团即将离开本地时

C. 有游客生病需要大家帮助时　　D. 影响旅游活动顺利进行时

E. 游客希望参观当地的军事基地

8. 导游人员领取导游证时必须持有的材料不包括______。

A. 申请人的导游人员资格证书及其复印件

B. 健康证及其复印件

C. 与旅行社订立的劳动合同及其复印件

D. 学历证书及其复印件

E. 户籍证明

9. 首站接团时，全陪应尽快找到旅游团，并立即与领队核实______等情况。

A. 实到人数　　B. 游客姓名　　C. 行李件数

D. 活动日程　　E. 游客的特殊要求

10. 在核对接待计划和商定节目安排时，游客提出在自由活动时间增加晋祠景区的游览参观，地陪应采取的措施是______。

A. 一般应予以婉拒，并说明我方不便单方面不执行合同

B. 一般应征求领队的意见

C. 及时向旅行社有关部门反映，应尽力予以安排

D. 需要增加费用，要事先向领队和游客讲明，按标准收取费用

E. 确有困难无法满足时，应耐心解释

11. 旅游者在长沙参观游览期间适逢当地举办“金鹰节”，抵达当天部分游客提出希望在晚上休息时到现场观看“金鹰节”文艺晚会，导游人员最好应该______。

A. 婉言谢绝，耐心解释

B . 报告旅行社

C. 协助安排车辆，但车费自理

D. 提醒有关注意事项，但不必陪同前往

E. 协助购买门票

12. 下列说法中______是错误的。

A. OK 票是指定日期、航班和机座的机票，无需再确认

B. 购买机票需出示有效证件

C. 国内、国际机票的有效期均为 1 年

D. 乘国际航班的旅客须提前 90 分钟抵达机场

E. 乘国内航班的旅客必须提前 60 分钟抵达机场

13. 优秀的散客导游服务是______结合的体现，只有二者完美结合，才能做好散客的接待工作，得到客人的认可。

A. 逻辑性　　B. 规范化　　C. 个性化

D. 生动性　　E. 特色化

14. 旅游团在云南游览时，晚餐后按计划观看民族歌舞表演，下午参观活动时一部分游客提出想去观看另外的演出，请导游人员帮助协调，导游人员正确的做法是______。

A. 时间紧迫，导游人员应拒绝游客的要求

B. 与接待社计调部联系，尽可能予以调换

C. 无法调换时耐心解释，请其谅解

D. 无法调换，游客仍坚持观看别的演出，导游人员可协助购票，并将原票款退还给游客

E. 主动告诉游客，因为临时变更，需自行解决旅游用车，让游客早作安排

15. 担任地陪的导游人员的主要任务是______。

A. 导游讲解　　B. 翻译　　C. 当地活动的组织协调

D. 联络工作　　E. 实施旅游接待计划

16. 全陪日志的内容包括______。

A. 各地接待服务质量　　B. 发生的问题及处理经过　　C. 游客意见

D. 账目结算情况　　E. 旅游日程安排

17. 游客对导游人员的工作横加指责、过分挑剔时，导游人员应该______。

A. 努力满足需要　　B. 认真倾听　　C. 耐心解释

D. 微笑对待　　E. 报告旅行社

18. 旅游者酗酒闹事，导游人员应______。

A. 进行劝说，尽力阻止

B. 请领队自行处理

C. 按规定赔偿餐厅损坏物品，但不会有法律责任

D. 严肃指出可能造成的严重后果

E. 醉酒不醒的游客，应同饭店保安人员一起将其搀扶至房间

19. 下列关于全陪导游人员说法正确的是______。

A. 出境旅游团的领导和代言人

B. 组团社的代表

C. 在旅游活动中起主导作用

D. 旅游接待计划在当地的执行者

E. 旅游活动的安排者

20. 在各站服务中，全陪主要进行的工作有______。

A. 认找地陪，并向地陪问好

B. 发现地陪有减少游览项目时，应立即报告旅行社

C. 时刻提醒游客注意保管好个人物品

D. 若活动与上站有明显重复，应马上着手替换

E. 协助领队办理入住登记手续

21. 突出重点法一般要突出______。

A. 大景点中具有代表性的景观

B. 突出景点的特征及与众不同之处

C. 突出游客感兴趣的地方

D. 突出导游人员自己最熟悉的地方

E. 突出“最”字时，必须符合客观实际

22. 就餐时，下列情况，错误的是______。

A. 与邻座交谈，而邻座没注意时，不可拍肩示意

B. 对桌听不见时，可大声说话，以免对方难堪

C. 礼貌起见，哪怕是口中有东西，也应回答别人问话

D. 为避免尴尬，一定要在餐前声明自己的疾病

E. 用餐过程中最好不要退席

23. 游客入住酒店，地方导游人员应______。

A. 分发房卡

B. 掌握全团住房名单

C. 游客进入房间后，打电话通知用餐的时间地点

D. 进入房间之前，要向游客宣布当日的活动安排

E. 提醒领队安排好第二天的叫早服务

24. 下列关于游客的住房要求，地陪导游处理正确的是______。

A. 房间内卫生达不到清洁标准，应立即换房

B. 游客要求住高于合同标准的房间，应直接与饭店联系落实

C. 对于游客要求购买客房内的物品的要求，应婉拒

D. 同屋游客闹矛盾提出住单间，应立即与饭店协调处理

E. 客房内有蚂蚁应立即满足游客换房的要求

25. 澳大利亚某旅游团，一行 20 人计划 10 月 25 日由 W 市飞往 S 市，10 月 28 日离境，在飞往 S 市的途中，旅游团里的一位老人突发病重，以下全部采取的措施中，正确的有______。

A. 请机组人员协助在飞机乘客中寻找医生，若有，请求参与救助

B. 请机组人员与 S 市急救中心或医院取得联系，准备抢救

C. 送医院抢救，需做手术，时间紧迫，地陪导游可代为签字

D. 及时与 W 市联系，准备抢救

E. 与旅行社取得联系，随时汇报情况

26. 导游人员突然接到“计划变更通知”，立即赶到车站去迎接一个旅游团，当他抵达车站时，该团已在车站外等候多时，因遭到如此冷遇，客人非常不高兴，导游人员下列做法正确的是______。

A. 导游人员应及时向领队、全陪及客人赔礼道歉

B. 实事求是地说明情况，诚恳地赔礼道歉

C. 用更加周到热情的服务求得游客的谅解

D. 必要时酌情给游客一定的物质补偿

E. 尽量采取措施使游客的损失降到最低

27. 下列关于导游人员与司机合作的说法正确的是______。

A. 旅游团抵达后，就活动日程的安排应主动征求司机的意见

B. 协助司机做好安全行车工作

C. 使用带有安全带的车辆时，引导游客系好安全带

D. 必要时可以超速驾驶，以防止出现紧急关头的误机事件

E. 活动日程有变化应提前告知司机

27. 导游人员运用握手礼时，应注意______。

A. 表示祝贺对方时，以主动伸手为有礼

B. 朋友平辈间，以先伸手为有礼

C. 主人要等客人先伸手后才能与其握手

D. 晚辈应先伸手，以显示对长辈的尊重

E. 握手一般用左手

30. 领队或全陪手中的接待计划与地陪的接待计划有部分出入时，地陪应该______。

A. 查明原因，分清责任

B. 请领队或全陪与组团社联系

C. 按照领队或全陪的计划调整行程

D. 及时报告接待社

E. 倾听游客的意见

31. 在旅游团结束旅游活动即将离开本站前，地陪应根据导游服务规范做好______等送站前的业务准备工作。

A. 核实交通票据

B. 地陪应与司机商量叫早时间，然后通知领队和全陪

C. 出行李时，地陪应与司机、行李员共同清点

D. 协助饭店结清与旅游者的有关账目

E. 离店前一天，地陪应检查是否留有游客的证件

32. 在旅游目的地自由活动时，游客要求单独外出购物，导游人员应______。

A. 予以协助，当好参谋　　B. 尽量劝阻　　C. 必要时可陪同购物

D. 向领导汇报　　E. 安全第一，必须陪同前往

33. 以下关于导游人员对游客用餐方面个别要求的处理中，正确的是______。

A. 旅游团在接近用餐时提出换餐，应尽量满足，但差价自理

B. 游客在抵达后提出特殊饮食要求，应婉言拒绝

C. 健康的游客要求在客房用餐，可满足，但服务费自理

D. 游客要求外出自费品尝风味，应予以协助

E. 游客外出访友提出不随团用餐，应同意其要求，餐费随后退还游客

34. 某旅游者因个别要求得不到满足而执意要求提前退团，地陪导游人员应______。

A. 说明原因，并报告组团社

B. 耐心解释，说明难以办到的原因

C. 若与团内其他游客闹矛盾，应麻烦领队尽量说服游客

D. 若接待方服务不到位，应予以弥补，并赔礼道歉

E. 未享受的综合服务费不予退还

35. 发生食物中毒时，导游人员应______。

A. 提醒游客不要在小摊上购买食物

B. 立即禁食，反复催吐

C. 脱水较轻的游客，多喝一些加糖的淡盐水

D. 封存呕吐物，带到旅行社保留物证

E. 要求医院开具“诊断证明”

模拟题三

一、单项选择题（每题 0.5 分，共 15 分）

1. 获初级导游人员资格______年以上，考核考试合格后可晋升为中级导游人员。

A. 1　　B. 2　　C. 3　　D. 4

2. 旅游团抵达饭店后，一般由______分发房卡。

A. 领队　　B. 全陪　　C. 地陪　　D. 大堂经理

3. 送乘坐国内航班的游客，地陪应提前______到达机场。

A. 120 分钟　　B. 100 分钟　　C. 90 分钟　　D. 60 分钟

4. 在旅游景点现场讲解时，导游人员适时向游客介绍与该景点同类性质的其他景点、景观或介绍有关背景。这种导游方法属于______。

A. 类比法　　B. 分段讲解法　　C. 虚实结合法　　D. 点面结合法

5. 导游人员应当在送站前______小时与散客旅游团确认送站的时间和地点。

A. 12　　B. 24　　C. 36　　D. 48

6. 导游人员带团要认真履行职责，______是评价导游人员是否履行职责的基本尺度。

A. 游客是否满意　　B. 是否履行旅游合同

C. 是否有投诉　　D. 是否出现安全事故

7. “顾客就是上帝”体现了______的带团原则。

A. 等距离交往　　B. 履行合同　　C. 游客至上　　D. 双赢

8. 鼓掌、服饰、点头分别属于体态语言中______。

A. 动态无声语言、静态语言、有声语言

B. 动态无声语言、有声语言、静态语言

C. 有声语言、静态语言、动态无声语言

D. 静态语言、有声语言、动态无声语言

9. 安排旅游活动是______的职责。

A. 领队　　B. 全陪　　C. 地陪　　D. 景区导游员

10. 言之有神、言之有物是导游语言______的体现。

A. 思想性、哲理性　　B. 情感性、思想性

C. 艺术性、知识性　　D. 思想性、艺术性

11. 带领团队参观游览服务中，出发前地陪应提前______分钟到达集合地点。

A. 10　　B. 15　　C. 20　　D. 25

12. 送团时等旅游团进入______后，地陪方可离开。

A. 候机厅　　B. 安检　　C. 隔离区　　D. 停车场

13. 中国海关规定，因私出国旅游人员可每次兑换______美元现钞。

A. 1000　　B. 2000　　C. 10000　　D. 5000

14. 导游服务的核心内容是______。

A. 服务大众　　B. 文化传递　　C. 创造经济　　D. 民间外交

15. 两地导游人员合作开始的标志是______。

A. 迎接旅游团　　B. 核对商定日程

C. 入店服务　　D. 景点参观

16. 在全包价旅游的基础上，扣除午餐、晚餐费用的包价形式是______。

A. 半包价旅游　　B. 包价旅游

C. 零包价旅游　　D. 组合旅游

17. 外交护照、公务护照和普通护照的有效期最长不超过______年。

A. 3　　B. 5　　C. 8　　D. 10

18. 城际动车组列车的车次前冠有字母______。

A. G　　B. C　　C. D　　D. S

19. 旅游车发生交通事故时，导游人员应当首先______。

A. 迅速汇报　　B. 保护现场　　C. 抢救伤员　　D. 安抚旅游者

20. 某旅游团在临近用餐时，其中一位旅游者坚持要求换餐，而饭店没有即刻换餐服务，导游人员应当______。

A. 同餐厅联系，予以安排　　B. 征求领队意见后酌定

C. 建议自行点菜，费用自理　　D. 不予接受，耐心解释

21. 旅游签证属于普通签证，在我国为______签证。

A. D 字　　B. L 字　　C. J 字　　D. C 字

22. 导游语言“八要素”中的“言之有理”要求的是导游语言应具有______。

A. 思想性　　B. 实用性　　C. 规范性　　D. 逻辑性

23. 用“古、大、重、绿”四字来描述南京风光特色的导游方法是______。

A. 画龙点睛法　　B. 突出重点法　　C. 触景生情法　　D. 引人入胜法

24. 一名成人携一名 8 周岁儿童和一名一岁两个月的婴儿，购买票价为 1000 元人民币的机票，总共需支付机票费用______。

A. 1500 元　　B. 1600 元　　C. 1700 元　　D. 2000 元

25. 下列情况中导游员可以满足游客自由活动的要求是______。

A. 在本地旅游期间，个别游客要求不随团游览而在下榻饭店休息

B. 黄金周期间，到达游览点后，个别游客要求自由游览

C. 一游客希望晚间去 KTV 活动

D. 在五台山旅游期间，一游客要求夜间登山赏月

26. 导游人员在与旅游者交谈时，视线接触的时间以占全部时间的______左右为宜。

A. 1/5　　B. 2/5　　C. 3/5　　D. 4/5

27. 下列关于签证的说法不正确的是______。

A. 旅游签证一般不能延期

B. 签证必须签注在护照上

C. 签证一般分为外交签证、公务签证、普通签证三种

D. 在前往国停留三个月以内的发给短期签证

28. 由于某种原因旅游团推迟抵达，导游人员仍按原计划预定的班次接站而没有接到旅游团的情况属于______。

A. 漏接　　B. 空接　　C. 错接　　D. 误接

29. 下列情况中，当游客提出换房，导游人员应立即满足其要求的是______。

A. 客房朝北，光线不好　　B. 客房在走廊尽头，离电梯近

C. 在客房内发现蟑螂　　D. 要求住单人间

30. 旅游团中某位旅游者希望带其在华亲友的孩子随团活动，导游人员应该______。

A. 婉言拒绝　　B. 首先征求领队及团员的意见

C. 表示赞同　　D. 请旅游者自行解决

二、多项选择题（每题 1 分，共 35 分）

1. 地陪在旅游团抵达之前要熟悉接待计划，并弄清以下情况______。

A. 旅游团及其成员概况　　B. 旅游线路及交通工具　　C. 各种交通票据

D. 旅游团的特殊要求与禁忌　　E. 宴请活动

2. 地方导游人员的服务准备包括______。

A. 落实接待事宜　　B. 做好形象准备　　C. 核对商定节目安排

D. 做好心理准备　　E. 介绍饭店设施

3. 散客旅游与团队旅游的区别有______。

A. 服务质量不同　　B. 付费方式不同

C. 服务项目的优惠力度不同　　D. 旅游人数不同　　E. 自由度不同

4. 我国边防检查站有权阻止______等几种人入境。

A. 可能进行恐怖暴力活动的人员

B. 患有严重心脏病、癌症的人员

C. 可能进行走私、卖淫活动的人员

D. 患有艾滋病、开放性肺结核的人员

E . 持涂改护照的人员

5. 导游人员迎接旅游团队时要注意______。

A. 尽快认找团队　　B. 核实实到人数　　C. 致欢迎辞

D. 介绍下榻饭店　　E. 介绍旅游景点

6. 在景点，进行导游讲解时，要做好______的工作。

A. 交待旅游注意事项　　B. 注意游客的动向，防止游客走失

C. 讲解与引导游客相结合　　D. 回顾当天的活动

E. 宣布次日活动日程

7. 游客在游览中摔伤骨折，导游人员现场要采取急救措施，主要包括______。

A. 马上用药　　B. 止血　　C. 包扎　　D. 上夹板　　E. 按摩揉搓

8. 导游服务有______的发展趋势。

A. 知识广博化　　B. 活动个性化　　C. 手段科技化

D. 方法多样化　　E. 内容讲解娱乐化

9. 小包价导游服务中可选择部分有______。

A. 风味餐　　B. 文娱活动　　C. 参观游览

D. 晚餐　　E. 城市间交通

10. 担任地陪的导游人员的主要任务是______。

A. 导游讲解　　B. 监督全陪　　C. 当地活动的组织协调

D. 联络工作　　E. 宣传调研

11. 下列人员属于组团旅行社代表的是______。

A. 领队　　B. 全陪　　C. 地陪　　D. 点陪　　E. 旅游团长

12. 迎接服务中，旅游团抵达后，______负责清点行李件数。

A. 地陪　　B. 全陪　　C. 领队　　D. 游客　　E. 行李员

13. 某美国团队在中国境内旅游，路线为北京—济南—杭州，济南的地陪导游人员接上团队前往酒店的路上，应该______。

A. 致欢迎辞　　B. 调整时间　　C. 首次沿途导游

D. 宣布当日或次日的活动安排　　E. 风情介绍

14. 地陪在同领队核对和商定日程时，如发现领队的旅行计划与地陪的接待计划有部分出入，地陪应持的态度是______。

A. 对合理而可能满足的出入部分尽力予以安排

B. 对无法满足的出入部分进行解释，耐心说服

C. 及时报告接待旅行社，查明原因

D. 如果是接待方的责任，则实事求是地说明情况

E. 以领队的接待计划为准，以示尊重

15. 下列出境旅客需要通过红色通道的是 ____。

A. 携带文物者　　B. 行李超重者　　C. 携带外币者

D. 携带带入境内而应带出境外物品者　　E. 持礼遇签证的德国官员

16. 为防食物中毒事故的发生，导游人员应______。

A. 在旅游定点餐厅就餐

B. 若用餐时发现食物变质，一定要向旅行社领导汇报

C. 提醒游客不要在小摊上购买食物

D. 提醒游客多喝水

E. 提醒游客少吃生冷食物

17. 游客要求调换计划内的文娱节目时，地陪应采取的正确处理措施有______。

A. 婉言拒绝，耐心解释

B. 本着“合理而可能”的原则进行处理

C. 若条件允许，可请旅行社进行调换

D. 若部分游客要求看别的演出并且两个节目在同一线路上，交通方便，则应与司机商量，尽量提供方便

E. 若大部分游客坚持更换，则立即满足其要求

18. 全程陪同导游人员的职责主要是______。

A. 实施旅游接待计划　　B. 联络和组织协调工作　　C. 宣传、调研工作

D. 安排旅游活动　　E. 导游讲解

19. 导游讲解的“虚实结合法”中的“实”是指______。

A. 实物　　B. 艺术价值　　C. 史实

D. 趣闻逸事　　E. 民间故事

20. 旅游团在游览中，一游客突发心脏病，此时导游人员的正确做法应______。

A. 立即抬患者赴就近医院就医

B. 让患者就地平躺

C. 让其亲属或其他游客在患者身上寻找药物

D. 待病情稍稳定后送医院

E. 立即与急救中心联系

21. 首次沿途导游的主要内容有______。

A. 风光导游　　B. 景点介绍　　C. 风情介绍

D. 介绍下榻酒店　　E. 认找旅游团

22. 导游讲解应遵循的原则有______。

A. 以实际为依据　　B. 知识性　　C. 针对性

D. 灵活性原则　　E. 艺术性

23. 调整因旅行社的原因使游客产生不良情绪的方法很多，其中的方法主要有______。

A. 补偿法　　B. 转移注意法　　C. 分析法

D. 触景生情法　　E. 类比法

24. 为了使旅游活动顺利进行，导游人员应努力搞好与领队的关系，为此导游人员应该______。

A. 多与领队磋商　　B. 支持领队的工作　　C. 服从领队的领导

D. 尊重领队的权限　　E. 多给领队面子

25. 地陪在入店服务中应做的事项有______。

A. 分配房间　　B. 介绍饭店设施　　C. 照顾行李进房

D. 宣布叫早时间　　E. 协助办理入住手续

26. 关于导游与游客的沟通，描述正确的是______。

A. 从信息反馈的角度来看，分为单向沟通和双向沟通

B. 从沟通的渠道来看，分为个体沟通和群体沟通

C. 从沟通的步骤上来看，分为意见沟通和情感沟通

D. 从沟通的内容来看，分为接近和交谈

E. 从沟通的渠道来看，分为单向沟通和双向沟通

27. 某外国旅游者因个别要求得不到满足而执意要求提前退团，导游人员应该______。

A. 设法弥补，耐心解释

B. 不给予办理分离签证手续

C. 满足其要求，但明确告知未享受的综合服务费不予退还

D. 协助重订航班、机座，但所需费用由旅游者自理

E. 问明原因，并报告接待社

28. 若有旅游者中暑，导游人员正确的处理方法是______。

A. 让中暑者于阴凉通风处平躺

B. 可让其饮用含盐饮料，对发烧者要用冷水或酒精擦身散热

C. 服用必要的防暑药物

D. 缓解后让其静坐（卧）休息

E. 可给中暑者喝一些咖啡

29. 导游语言的准确性主要表现在______。

A. 导游讲解的内容有根有据，正确无误

B. 敬语和谦语的使用，既尊重对方，也要适合自己的身份

C. 遣词造句正确

D. 语音正确、清晰

E. 语速快慢相宜，并做好适当停顿

30. 地陪在送站前的服务包括______。

A. 核实、确认交通票据

B. 集中交运行李

C. 协助饭店结清与游客有关的账目

D. 表达美好的祝愿

E. 及时归还证件

31. 面对客人的投诉或不满，导游人员应当______。

A. 耐心倾听

B. 诚恳解释，并直接对游客做出承诺

C. 及时致歉，并指出游客言语中不符合实际情况的地方，进行解释

D. 核实情况，及时补救

E. 进行反省，记录存档

32. 民航运输飞行的三种主要形式为______。

A. 不定期航班飞行　　B. 班期飞行　　C. 加班飞行

D. 季节性航班飞行　　E. 包机飞行

33. 在我国，可以通过努力成为合格的导游人员有______。

A. 近视度数 300，其他正常　　B. 美籍华人　　C. 无民事行为能力人

D. 语言表达口吃　　E. 获得了导游资格证

34. 中文导游可以使用的语言包括______。

A. 普通话　　B. 山东方言　　C. 粤语

D. 泰语　　E. 傣语

35. 容易导致导游人员对旅游团队漏接的情况有______。

A. 交通部门原因，旅游团提前到达

B. 导游人员工作疏忽，将接站地点搞错

C. 上、下站接待社及导游人员之间沟通出现问题

D. 新旧时刻表交替，导游人员未能获知，仍按照原来时间去接站

E. 导游人员举牌接站地点未被旅游者发现

参考答案

第二编　章节模拟题集锦

导游服务

一、单项选择题

1.C　2.D　3.D　4.D　5.B　6.B　7.B　8.B　9.B　10.B

二、多项选择题

1.ABCD　2.ABCD　3.ABD　4.ABC　5.ABCD　6.BCD

7.ABCD　8.BCDE　9.ABCD　10.ABCD　11.ABD　12.AE

13.ABCD　14.ABE　15.ABCD　16.ABCD　17.ABDE　18.ACDE

导游人员

一、单项选择题

1.B　2.B　3.C　4.B　5.D　6.C　7.C　8.D　9.A　10.B

11.B　12.A　13.A　14.C　15.C　16.B　17.C　18.B　19.C　20.C

二、多项选择题

1.ABCE　2.ABD　3.ABE　4.BCD　5.BC　6.AC

7.ABCE　8.ABCD　9.BDE　10.AC　11.ABCD　12.BDE

13.ABE　14.BCD　15.ACE

旅游团队导游服务程序与服务质量

一、单项选择题

1.A　2.C　3.C　4.D　5.B　6.C　7.D　8.C　9.B　10.A

11.B　12.D　13.D　14.B　15.C　16.B　17.B　18.C　19.C　20.C

二、多项选择题

1.BCD 2.ACD 3.ABD 4.ABCD 5.ABE 6.ABCD

7.ABCD 8.ABC 9.ABD 10.ABCD 11.ABC 12.ABCD

13.BCD 14.ABE 15.ABC

散客旅游服务

一、单项选择题：

1.C 2.B 3.A 4.D 5.D

二、多项选择题

1.ABD 2.ACD 3.ACE 4.AC 5.BCDE

旅游故障的预防与处理

一、单项选择题

1.D 2.D 3.C 4.C 5.B 6.B 7.D 8.C 9.B 10.A

11.A 12.B 13.A 14.B 15.C 16.B 17.A 18.B 19.C 20.C

21.B 22.B 23.D 24.A 25.A 26.C 27.C 28.A 29.D 30.B

二、多项选择题：

1.BDE 2.ABD 3.ABCE 4.ABDE 5.ACD 6.ADE

7.ABC 8.ACE 9.ABD 10.AD

旅游者个别要求的处理

一、单项选择题

1.A 2.A 3.C 4.D 5.A 6.C 7.C 8.C 9.B 10.B

11.D 12.C 13.B 14.C 15.A 16.A 17.D 18.C 19.D 20.A

21.B 22.A 23.B 24.D 25.C 26.C 27.D 28.A 29.B 30.B

二、多项选择题

1.BC 2.ABC 3.AC 4.CD 5.BCD 6.BCD

7.CD 8.CD 9.ABC 10.ABCE

导游带团技能

一、单项选择题

1.C　2.B　3.D　4.C　5.D

二、多项选择题

1.BCD　2.ABC　3.ABCD　4.ACDE　5.ABE　6.ABC

7.ABC　8.BCD　9.ABE　10.ABC

导游语言技能

一、单项选择题

1.B　2.C　3.D　4.B　5.A

二、多项选择题

1.ABD　2.BCD　3.AC　4.CDE　5.ABE

导游讲解技能

一、单项选择题

1.A　2.B　3.C　4.D　5.D　6.A　7.B　8.C　9.D　10.C

11.A　12.B　13.C　14.D　15.C　16.D　17.D　18.B　19.C　20.C

二、多项选择题

1.BCDE　2.ABCD　3.AC　4.ACE　5.ABCD　6.ABCDE

7.DE　8.ABCD　9.CD　10.AE　11.BC　12.BCDE

13.AB　14.ACDE　15.BCE

导游业务相关知识

一、单项选择题

1.A　2.A　3.A　4.C　5.B　6.B　7.B　8.B　9.A　10.B

11.B　12.A　13.A　14.D　15.C　16.C　17.A　18.B　19.A　20.B

21.C　22.B　23.A　24.C　25.D　26.C　27.C　28.B　29.A　30.B

31.C　32.C　33.B　34.D　35.B

二、多项选择题

1.ABCD　2.ABCE　3.ABCD　4.ABCD　5.ABCD　6.ABCD
7.BCDE　8.CDE　9.ACDE　10.ABCD　11.ABC　12.AB
13.ABD　14.BCDE　15.ACE　16.ACDE　17.BE　18.ABDE
19.ABC　20.CDE　21.AD　22.ABE　23.ABCE　24.ABDE
25.ABD

第三编 仿真模拟题

模拟题一

一、单项选择题（每题 0.5 分，共 15 分）

1.A　2.B　3.C　4.D　5.D　6.A　7.B　8.C　9.D　10.A
11.A　12.B　13.C　14.D　15.D　16.A　17.B　18.C　19.D　20.C
21.A　22.B　23.C　24.D　25.B　26.A　27.B　28.C　29.D　30.A

二、多项选择题（每题 1 分，共 35 分）

1.BCE　2.BCD　3.ABC　4.BCDE　5.ABE　6.CDE
7.ABE　8.ACD　9.BCE　10.ACD　11.ABE　12.BCDE
13.ABC　14.BCD　15.ABCD　16.ABCE　17.ADE　18.BCE
19.ABCE　20.ACDE　21.BDE　22.AC　23.BDE　24.ABC
25.DE　26.ABCD　27.AB　28.BE　29.AE　30.ABC
31.BCDE　32.ABE　33.CDE　34.ABD　35.CDE

模拟题二

一、单项选择题（每题 0.5 分，共 15 分）

1.D　2.D　3.D　4.D　5.C　6.A　7.B　8.B　9.C　10.C

11.A 12.C 13.C 14.C 15.C 16.B 17.C 18.A 19.B 20.C
21.D 22.B 23.D 24.B 25.D 26.C 27.B 28.B 29.C 30.C

二、多项选择题（ 每题 1 分，共 35 分 ）

1.ABC 2.ACDE 3.BCDE 4.BCDE 5.ACD 6.ABD
7.ABDE 8.BDE 9.AC 10.CDE 11.BCE 12.ADE
13.BC 14.BC 15.ABC 16.ABCE 17.BCD 18.ADE
19.BC 20.ACE 21.ABCE 22.BCD 23.AC 24.BE
25.ABE 26.DE 27.BCE 28. 29.AB 30.AD
31.ADE 32.AC 33.CD 34.BE 35.CE

模拟题三

一、单项选择题（ 每题 0.5 分，共 15 分 ）

1.C 2.A 3.C 4.A 5.B 6.B 7.C 8.C 9.C 10.C
11.C 12.C 13.D 14.B 15.B 16.A 17.D 18.B 19.C 20.C
21.B 22.A 23.A 24.B 25.A 26.B 27.B 28.B 29.C 30.B

二、多项选择题（ 每题 1 分，共 35 分 ）

1.ABCD 2.ABD 3.BCDE 4.ACED 5.ABCD 6.ABC
7.BCD 8.ACD 9.ABCD 10.AC 11.AB 12.ABCE
13.ACE 14.ABCD 15.ABCD 16.ACE 17.BCD 18.ABC
19.ABC 20.BCDE 21.ACD 22.ACD 23.ABC 24.ABDE
25.BCE 26.AB 27.ACDE 28.ABCD 29.ACD 30.ABCE
31.ADE 32.BCE 33.AE 34.ABCE 35.ACDE

附录一

2016年全国导游人员资格考试大纲

一、考试性质

全国导游人员资格考试是为国家和社会选拔合格导游人才的全国统一考试。考试的目标是以公平、公正的考试方式和方法，检验应试人员是否具有从事导游职业的基本知识、素养和技能。根据《中华人民共和国旅游法》规定，参加全国导游人员资格考试成绩合格，与旅行社订立劳动合同或者在相关旅游行业组织注册的人员，可以申请取得导游证。

二、考试科目、语种与要求

全国导游人员资格考试科目包括：科目一“政策与法律法规”、科目二“导游业务”、科目三“全国导游基础知识”、科目四“地方导游基础知识”、科目五“导游服务能力”。

考试语种分为中文和外语两种，其中外语类包括英语、韩语、日语、法语、德语、西班牙语、葡萄牙语、俄语等。

对上述科目内容，应试人员应分别从了解、熟悉、掌握等三个能力层次予以把握：

——了解，要求对导游从业相关知识能够准确再认、再现，即知道“是什么”；

——熟悉，在了解基础上，能够深刻领会导游从业相关知识及规定，并借此解释、论证观点，分析现象，辨明正误，即明白“为什么”；

——掌握，要求能够灵活运用导游从业相关知识和方法，综合分析、解决理论和实际问题，即清楚“怎么办”。

三、考试方式

考试形式分笔试与现场考试两种，科目一、二、三、四为笔试，科目五为现场考试。笔试科目实行机考，各地使用国家旅游局统一的计算机考试系统进行考试。现场考试以室内模拟考试方式进行，由省级考试单位根据标准组织本行政区域内考试。

科目一、二合并为1张试卷进行测试，考试时间为90分钟，其中科目一、科目二所占比率各50%；科目三、四合并为1张试卷进行测试，考试时间为90分钟，其中科目四所占比率不少于50%。考试题型均为客观题，分单项选择题和多项选择题两种。单项选择题每题有四个选项，有且只有一个选项正确；多项选择题每题有五个选项，可能有二至四个选项正确。每张试卷 130 题，其中单项选择题 60 题，每题 0.5 分，共 30 分；多项选择题 70 题，每题 1 分，共 70 分。

科目五考试采用现场考试的方式进行，中文类考生一般每人不少于 15 分钟，外语类考生一般每人不少于 25 分钟。各省各考区中文考生“景点讲解”考察范围不少于 8 个，外语类考生“景点讲解”考察范围不少于 3 个。

考试成绩采用百分制，中文类现场考试分为五大项：语言和礼貌仪态占 20%，景点讲解占 50%，导游服务规范占 10%，应变能力占 10%，综合知识占 10%。外语类现场考试分为六大项：语言和礼貌仪态占 30%，景点讲解占 30%，导游服务规范占 10%，应变能力占 5%，综合知识占 5%，口译占 20%。

四、各科目考试大纲（略）

附录二

《导游业务》 大纲

（一）考试目的

通过本科目的考试，检查考生对导游人员职业道德规范、素质要求和行为规范、导游服务规范及服务程序内容、标准的了解、熟悉和掌握程度，同时考查在导游服务中应用相关知识的能力。

（二）考试内容

1. 了解导游服务的产生及其发展，以及我国导游服务的发展历程；了解导游服务的概念，现代导游服务特点；熟悉导游服务的性质、地位与作用；熟悉中国旅游行业核心价值观，掌握导游人员职业道德规范的基本内容。

2. 了解导游员的报考条件；熟悉导游人员的定义、分类；掌握各类导游员的职责、从业素质及礼仪规范要求；掌握导游员应有的修养以及工作中的行为规范。

3. 掌握全陪、地陪导游服务规范及程序和服务质量要求。

4. 了解散客旅游的类型，熟悉散客旅游的特点，掌握散客导游服务程序与质量要求。

5. 掌握游客个别要求的处理原则；掌握旅游者在住房、餐饮、娱乐、购物等方面个别要求的处理办法；掌握游客要求自由活动、亲友随团活动、转递物品和信件以及要求中途退团或延长旅游期限的处理办法；掌握儿童、老年游客、残疾游客等特殊游客的接待技巧；掌握商务游客、宗教游客、探险游客的特殊接待要求。

6. 了解旅游事故的类型、特点；熟悉旅游事故的成因；掌握旅游事故处理的基本原则和程序；掌握旅游计划和行程变更的处理办法；掌握漏接、错接、空接和误机事故的预防与处理办法；掌握旅游者证件、行李、钱物遗失和旅游者走失的预防与处理办法；掌握旅游者越轨言行的处理办法；了解旅游者投诉的原因，熟悉旅游者投诉的心理，掌握旅游者投诉的处置办法。

7. 了解自然灾害的类型；掌握地震、台风、洪水、泥石流等重大自然灾害，重大传染疾病的应对措施；掌握旅游交通事故、治安事故、火灾事故、食物中毒、溺水等事故的预防和处理办法；熟悉晕车、中暑等旅游常见疾病和急症的防治知识，掌握旅游者旅游过程中患病、死亡的处理办法。

8. 了解导游员带团的理念，熟悉导游员带团的特点和原则；掌握导游员同游客交往的原则和技巧；掌握导游员引导旅游者行为，调动旅游者游兴的方法；掌握导游员同旅游接待单位、导游服务集体之间以及同司机之间合作共事的方法。

9. 了解导游语言的概念、特点，熟悉导游语言的基本要求，掌握口头语言的表达方式和体态语言的运用；熟悉导游讲解的原则和要求；掌握概述法、重点法、类比法、悬念法、虚实法等多种导游讲解方法的应用技巧。

10. 了解旅行社主要业务和旅游产品的类型，熟悉入出境应持有的证件和需要办理的手续以及我国海关有关入出境物品的规定；熟悉航空、铁路、水运购票、退票和携带物品的规定；了解我国可兑换人民币的外币种类、旅行支票和信用卡的使用规定，熟悉旅游保险的种类及相关知识；了解信用卡知识；熟悉外汇知识；了解国际时差、华氏温度与摄氏温度、度量衡的换算。

图书在版编目（CIP）数据

导游业务应试一本全 /王昕主编. — 太原：山西经济出版社，2016.4

（全国导游人员资格考试辅导丛书）

ISBN 978-7-5577-0017-1

Ⅰ. ①导… Ⅱ. ①王… Ⅲ. ①导游-资格考试-自学参考资料 Ⅳ. ①F590.63

中国版本图书馆CIP数据核字（2016）第076852号

导游业务应试一本全

主　　编： 王　昕
出 版 人： 孙志勇
策　　划： 董利斌
责任编辑： 郭正卿
装帧设计： 赵　娜
内文排版： 华胜文化

出 版 者： 山西出版传媒集团·山西经济出版社
社　　址： 太原市建设南路21号
邮　　编： 030012
电　　话： 0351—4922133（发行中心）
0351—4922085（综合办）
E-mail： scb@sxjjcb.com（市场部）
zbs@sxjjcb.com（总编室）
网　　址： www.sxjjcb.com

经 销 者： 山西出版传媒集团·山西经济出版社
承 印 者： 山西三联印刷厂

开　　本： 787mm×1092mm　1/16
印　　张： 9.25
字　　数： 120千字
版　　次： 2016年8月　第1版
印　　次： 2016年8月　第1次印刷
书　　号： ISBN 978-7-5577-0017-1
定　　价： 19.00元